Gerhard Lohfink

Das Vaterunser neu ausgelegt

Urfelder Reihe

7

GERHARD LOHFINK

Das Vaterunser neu ausgelegt

VERLAG URFELD

Bibliografische Information der Deutschen Bibliothek:
Die Deutsche Bibliothek verzeichnet diese Publikation
in der Deutschen Nationalbibliografie;
detaillierte bibliografische Daten sind im Internet
über http://dnb.ddb.de abrufbar.

ISBN 978-3-932857-32-4

2. Auflage 2008

Satz und Umschlag: Urfeld Media
Druck und Bindung: Pustet, Regensburg
Umschlagbild: „Der Abschied Jesu von seinen Eltern"
Relief (Ausschnitt), Portugal 17. Jh., Privatbesitz

www.verlag-urfeld.de

Meinem Bruder Norbert
in Dankbarkeit

Inhalt

Vorwort

Die Vorgeschichte dieses kleinen Buches begann mit einer Tagung der Katholischen Akademie Stuttgart-Hohenheim am 6./7. November 1982 in Weingarten. Damals versuchten mein Bruder Norbert und ich, gemeinsam das Vaterunser auszulegen. Seitdem hat uns die Form und die Theologie dieses Gebetes nie mehr ganz losgelassen. Besonders gern erinnere ich mich noch an eine der öffentlichen Veranstaltungen der Katholischen Integrierten Gemeinde in Wangen am 15. März 2003. Dort stand für uns beide erneut das Vaterunser im Mittelpunkt. Das Thema lautete damals: „Worum bitten wir eigentlich, wenn wir das Vaterunser beten?"

Am liebsten würden wir beide auf der Basis unserer Vorträge und Vorlesungen zum Vaterunser ein gemeinsames Buch schreiben. Doch das wäre ein größeres Projekt, das seine Zeit brauchte. Und mit der Zeit ist es so eine Sache. Nur die Ewigkeit ist unendlich. Deshalb veröffentliche ich jetzt einfach einmal die Vorträge, die ich immer wieder zum Vaterunser gehalten habe. Vieles, was ich in ihnen sage, habe ich von meinem Bruder gelernt, über vieles haben wir oft und lange miteinander diskutiert. So ist die Widmung dieses Buches fast selbstverständlich. Es ist eine dankbare Vorgabe zu seinem 80. Geburtstag im kommenden Jahr.

Bad Tölz, am 15. August 2007 *Gerhard Lohfink*

I.

Die auffällige Form des Vaterunsers

Das Vaterunser ist wohl das am häufigsten gesprochene Gebet der Welt. Aber es ist gerade kein Allerweltsgebet. Es ist zunächst und vor allem ein Gebet für die Jünger Jesu. Bei Matthäus steht es in der Mitte der Bergpredigt – und die ist, wie ihre Einleitung zeigt, nicht nur an das Volk, sondern vor allem auch an die Jünger gerichtet (vgl. Mt 5,1–2). Bei Lukas sind die Adressaten sowieso klar. Bei ihm bittet einer der Jünger Jesu:

> *Herr, lehre uns beten, wie auch Johannes seine Jünger beten gelehrt hat. (Lk 11,1)*

Das Vaterunser ist aber nicht nur durch die Situierung bei Matthäus und Lukas, es ist auch von seinem Inhalt her primär Jüngergebet. Das zeigt am deutlichsten seine vierte Bitte, die Brotbitte. Scheinbar spiegelt sich in ihr die Situation der Taglöhner in Palästina und damit das Elend aller Hungernden und Bedürftigen dieser Welt. In Wirklichkeit kommt die Brotbitte aus der ganz spezifischen Lebenssituation der Jünger Jesu. Sie hat mit ihrer Sendung und ihrer Verkündigungsaufgabe zu tun. Wir werden das sofort im nächsten Kapitel sehen.

Das Vaterunser ist primär Jüngergebet. In jeder Zeile geht es darum, dass die Nachfolger Jesu ihre eigenen Wünsche und Lebenspläne vergessen und nur noch das wollen, was Gott will. Insofern ist es für jeden, der es betet, ein gefährliches Gebet.

Das Vaterunser wurde nur allzu oft missbraucht: als Gebets-Füllsel, als liturgisches Zeitmaß („Man mache eine Pause von der Länge eines Vaterunsers.“) oder als Genugtuung nach der Beichte („Beten Sie zur Buße ein Vaterunser und ein ‘Gegrüßet seist du Maria’!“)

In der frühen Kirche war man sich noch der Kostbarkeit des Vaterunsers bewusst. Erst am Ende der Katechumenatszeit wurde es „übergeben“, das heißt, die Taufbewerber wurden erst kurz vor ihrer Taufe mit dem Vaterunser vertraut gemacht. Man nannte das die *traditio orationis.* Nach der Taufe, im festlichen Gottesdienst mit den Neugetauften, durften sie es dann zum ersten Mal zusammen mit der ganzen Gemeinde beten. Wie es eine Übergabe des Glaubensbekenntnisses an die Katechumenen gab, gab es entsprechend eine Übergabe des Herrengebetes.

Uns ist das Vaterunser oft blass geworden. Es hat sich abgenutzt. Seine Wörter und Sätze wirken verschwommen wie eine Landschaft im Nebel. „Geheiligt werde dein Name“, „Dein Wille geschehe“ – das ist alles unscharf geworden. Im Munde Jesu hingegen und in den Ohren der Jünger hatte das Vaterunser eine klare, genau umrissene Kontur.

Damit wir diese Kontur wieder wahrnehmen können, soll jetzt zunächst einiges zur Form des Vaterunsers gesagt werden. Die Form eines Textes ist ja kein Zufall. Sie hängt mit der Sache zusammen, um die es geht. Wir werfen einen Blick auf die Form des Herrengebets, und zwar anhand von fünf Beobachtungen:

1. Das Vaterunser ist reines Bittgebet

Es ist heute allgemein akzeptiert und braucht nicht weiter begründet zu werden: Der Lobpreis „Denn dein ist das Reich und die Kraft und die Herrlichkeit" wurde erst sekundär an das Vaterunser angehängt. Die ältesten Handschriften kennen diese Schlussdoxologie noch nicht. Sie stammt wahrscheinlich aus der Zeit, als das Vaterunser zu einem Teil der Eucharistiefeier wurde. Ursprünglich war das Vaterunser reines Bittgebet.

Weshalb hat Jesus seine Jünger nicht ein Lobgebet gelehrt? Etwa ein Gebet, das mit dem Beginn des jüdischen Achtzehnbittengebets, der Tefilla, vergleichbar wäre. Die Tefilla beginnt folgendermaßen:

> *Gepriesen seist du, Herr, unser Gott, du Gott unserer Väter, Gott Abrahams, Isaaks und Jakobs, du großer, starker, furchtbarer Gott, du höchster Gott, du Gründer Himmels und der Erden. Du unser Schild und unsrer Väter Schild, du unsre Zuflucht von Generation zu Generation. Gepriesen seist du, Herr, du Schild des Abraham.*

Oder warum hat Jesus seine Jünger nicht wenigstens ein Gebet gelehrt, das – wie dieses tägliche Gebet Israels – durch Lobpreis gerahmt war? Plausibel ist nur *eine* Antwort: Der Grund ist die bedrängende Not des Gottesvolkes. Das Vaterunser ist wie ein Schrei, dass Gott doch eingreife.

Selbstverständlich kannte Jesus alle Gebetsarten, allein schon vom Psalter her. Er kannte den Lobpreis, den Dank, die Klage. Aber das Gebet, das er seinen Jüngern als ihr eigenes und eigentliches Gebet übergibt, weil es der nun anbrechenden Gottesherrschaft entspricht, ist reines Bittgebet.

2. Das Vaterunser ist ein sehr kurzes Gebet

Schon in der Übersetzung ist es ein kurzes Gebet. Zum Vergleich: Die jüdische Tefilla hat im Deutschen über 600 Wörter. Das Vaterunser hat ohne die Doxologie nur 49 Wörter. Seine semitische Urfassung war noch kürzer. Ohne den Lobpreis am Schluss hat die Lukasfassung, die wahrscheinlich die älteste Form des Vaterunsers bietet, in einer hebräischen Rückübersetzung gerade einmal 23 Wörter. Weshalb ist das Vaterunser so kurz? Die Antwort gibt Matthäus 6,7–8, ein Jesuswort, das Matthäus unmittelbar vor das Vaterunser platziert hat:

> *Wenn ihr betet, sollt ihr nicht plappern wie die aus den Völkern. Sie meinen ja, sie würden aufgrund ihres Wortschwalls erhört. Gleicht euch ihnen nicht an. Euer Vater weiß doch, was ihr braucht, noch ehe ihr ihn darum bittet.*

3. Das Vaterunser kommt sofort zur Sache

Betrachten wir zum Vergleich noch einmal den Anfang des Achtzehnbittengebets:

> *Gepriesen seist du, Herr, unser Gott, du Gott unserer Väter, Gott Abrahams, Isaaks und Jakobs, du großer, starker, furchtbarer Gott, du höchster Gott, du Gründer Himmels und der Erden. Du unser Schild und unsrer Väter Schild, du unsre Zuflucht von Generation zu Generation. Gepriesen seist du, Herr, du Schild des Abraham.*

Das ist eine langsame Annäherung. Der Beter ist bewegt und getragen von der Geschichte Israels. Von ihr möchte er zunächst wenigstens andeutungsweise sprechen. Erst dann ist Platz für die Bitten. Es wird wohl auch als Höflichkeit empfunden, Gott nicht sofort mit der Tür ins Haus zu fallen. Ganz im Hintergrund steht dabei vielleicht sogar noch ein Stück Hofzeremoniell. Bevor der Bittsuchende den Thronsaal des Königs erreicht, wird er durch mehrere Vorzimmer geleitet. Dann muss er die ganze Länge des Thronsaals durchschreiten. Schließlich erreicht er den Thron des Königs. Er wirft sich nieder. Auf den Wink eines königlichen Beamten darf er das Wort ergreifen. Aber noch immer muss er sich in Acht nehmen: Er hat die richtige Anrede zu wählen, und erst nach dem Vollzug dieses ganzen Rituals kann er endlich seine Bitte vortragen.

Es würde sich an dieser Stelle lohnen, einen Streifzug auch durch altorientalische Gebete zu unternehmen – mit ihren hochrituellen Anrufungen der Gottheit, zu der jeweils gebetet wird. Bei einem solchen Vergleich würden die Unterschiede zur Gottes-Anrede des Vaterunsers sowie zum jüdischen Gebetsgut noch krasser hervortreten. So beginnt eines der akkadischen „Handerhebungsgebete“:

Herrlicher Gott, Erstgeborener des Anu,
vollkommener Minister, Kind des Enmescharra,
herrlicher Papsukkal, Erstgeborener des Anu,
vollkommener Minister, Kind des Enmescharra …

Man ahnt: Die Anreden müssen stimmen, sonst könnte es sein, dass der Gott nicht hinhört. Und sie werden wiederholt, damit der angerufene Gott auch wirklich hinhört. Es ist gar nicht so einfach, ihn fehlerfrei anzusprechen. Da ist korrekte Sprache, da ist Gebets-Kompetenz erforderlich. Vor allem muss man den richtigen Namen der Gottheit wissen.

Nichts davon im Vaterunser! *Abba* – das ist die einzige Anrede. Es ist eine familiäre Anrede. Die kommunikative Situation des Vaterunsers ist nicht das Hofzeremoniell eines

Königs, sondern die Intimität der Familie – genauer: der „neuen Familie" Jesu. In einer Familie spricht man direkt, ohne Umschweife und ohne große Worte zu machen. Dort spricht man, wenn es in der Familie stimmt, in tiefem Einverständnis.

Das ist also der Grund, weshalb das Vaterunser so unmittelbar zur Sache kommt und weshalb es so kurz ist: Es ist ein Gebet für die neue Familie des Jüngerkreises. Daher fehlt ihm jeder Hauch von Feierlichkeit und erst recht jede Spur von Hofzeremoniell.

Das heißt nun natürlich nicht, dass alle jüdischen Gebete lang und weitschweifig seien. Es gibt auch im Judentum kurze und knappe Gebetstexte. Von seiner Knappheit her lässt sich mit dem Vaterunser zum Beispiel das jüdische Kaddisch vergleichen. Es lautet in einer frühen Fassung:

> *Verherrlicht und geheiligt werde sein großer Name in der Welt, die er nach seinem Willen schuf. Er lasse herrschen seine Königsherrschaft zu euren Lebzeiten und zu euren Tagen und zu Lebzeiten des ganzen Hauses Israel in Eile und Bälde. Gepriesen sei sein großer Name von Ewigkeit zu Ewigkeit. Darauf saget: Amen.*

Wie man sofort sieht, gibt es in diesem Gebet nicht nur formale, sondern auch inhaltliche Übereinstimmungen mit dem Vaterunser. Auch im Kaddisch geht es in der ersten Bitte um die Heiligung des Namens Gottes und in der zweiten um das Kommen der Gottesherrschaft. Insofern springt die Nähe des Vaterunsers zum Kaddisch sofort in die Augen.

Man muss allerdings auch die Unterschiede sehen: Das Kaddisch ist kein reines Bittgebet. Zumindest in der Fassung, die hier zitiert wurde, ist es verschränkt mit dem Lobpreis: „Gepriesen sei sein großer Name von Ewigkeit zu Ewigkeit." Vielleicht war dieser Lobpreis sogar einmal der Kern und der Ursprung dieses jüdischen Gebetes (vgl. Ps 113,2; Dan 2,20). Und noch etwas anderes ist zu beachten: Das Kaddisch war in seiner ältesten Funktion gar kein isoliert stehendes Gebet. Es war eine Schlussformel, ein Abschluss. Es wurde geschaffen, um im Synagogen-Gottesdienst die Schriftauslegung zu beenden. So bleibt es dabei: Das Vaterunser ist als in sich stehendes Gebet von einer ungewöhnlichen Gedrängtheit.

4. Zuerst kommt die Sache Gottes

Das Vaterunser ist deutlich zweigeteilt. In seiner matthäischen Fassung haben die beiden Teile drei beziehungsweise vier Bitten. Zuerst kommen drei Du-Bitten:

1) Geheiligt werde dein Name
2) Dein Reich komme
3) Dein Wille geschehe …

Dann kommen – je nachdem, wie man zählt – drei beziehungsweise vier Wir-Bitten:

4) Unser tägliches Brot gib uns heute
5) Vergib uns unsere Schuld …
6) Führe uns nicht in Versuchung,
7) sondern erlöse uns von dem Bösen

Die Zweiteilung des Gebets ist also sehr deutlich. Rückübersetzt ins Hebräische wird diese Zweiteilung durch Rhythmus und Reim noch markanter. Der erste Teil ist gekennzeichnet durch den Endreim *-eka,* der zweite Teil durch den Endreim *-enu.*

Im ersten Teil des Vaterunsers geht es um den Namen, die Herrschaft und den Willen Gottes. Man könnte sagen:

Es geht um die Sorge Gottes. Erst im zweiten Teil kommt die Sorge der Jünger ins Spiel: ihre Sorge um Essen, um die Not ihrer Schuld, um die Not ihrer Versuchungen. Damit entspricht die Struktur des Vaterunsers aufs genaueste dem Jesuswort:

> *Sucht zuerst das Reich und seine Gerechtigkeit, dann wird euch alles andere dazugegeben werden. (Mt 6,33)*

Wer sich die Sorge Gottes ganz zu eigen macht, für den wird dann auch Gott sorgen.

5. Gott handelt durch Menschen.

Eine weitere, wieder zunächst rein formale Beobachtung: Die drei ersten Bitten sind eigentümlich konstruiert. „Geheiligt werde dein Name. Dein Reich komme. Dein Wille geschehe.“ Wir haben uns an die Formulierungen des Vaterunsers so sehr gewöhnt, dass uns gar nicht mehr auffällt, wie ungewöhnlich diese Konstruktionen sind. So redet im normalen Leben kein Mensch. Niemand sagt:

> *Geputzt werde die Treppe …*
> *Die Sauberkeit komme …*

Wir reden im Allgemeinen so, dass klar wird, wer der Handlungsträger, wer das handelnde Subjekt ist. Wir sagen nicht: „Geputzt werde die Treppe“, sondern: „Putz bitte die Treppe!“ Weshalb heißt es im Vaterunser nicht einfach:

> *Vater,*
> *heilige deinen Namen,*
> *führe dein Reich herbei,*
> *verwirkliche deinen Willen?*

Viele Ausleger des Vaterunsers behaupten: Die Indirektheit der Konstruktion sei Höflichkeit. Gott solle nicht so stracks angeredet werden. Außerdem solle das Wort „Gott" vermieden werden. Und das geschehe durch das sogenannte *passivum divinum.* „Geheiligt werde dein Name" zum Beispiel sei ein *passivum divinum,* eine Umschreibung, die sicherstelle, dass von Gott nicht allzu frontal geredet werde. Also nicht: „Gott, heilige du deinen Namen", sondern statt dessen: „Geheiligt werde dein Name."

Aber diese Höflichkeitstheorie kann zumindest für das Vaterunser nicht stimmen. Denn wir haben bereits gesehen: Das Vaterunser kennt kein Hofzeremoniell. In ihm wird wie in der Familie geredet: unmittelbar und ohne Schnörkel. Außerdem heißt es ja dann im zweiten Teil des Vaterunsers sehr direkt:

Gib uns unser Brot!
Vergib uns unsere Schuld!
Führe uns nicht in Versuchung!
Erlöse uns von dem Bösen!

Diese Formulierungen des zweiten Teils sind ausnahmslos Bitten, die direkt an Gott gerichtet werden. Das Vaterunser hat also gar keine Hemmungen, Gott ohne Umschweife anzugehen. Warum dann die umschreibenden Konstruktionen in den drei ersten Bitten?

Es kann dafür nur einen Grund geben: Die umschreibenden Konstruktionen, vor allem das Passiv der ersten Bitte, lassen offen, wer der Handlungsträger ist. „Geheiligt werde dein Name" – da kann man ergänzen: von dir selbst. Da kann man aber auch ergänzen: von den Menschen. Beides ist möglich, beides ist richtig. Und diese Doppeldeutigkeit ist offenbar von Jesus beabsichtigt. Gott selbst soll seinen Namen heiligen. Gott selbst soll sein Reich herbeiführen. Gott selbst soll seinen Willen zum Ziel bringen. Das ist das

Erste und Wichtigste. Doch zugleich soll auch der Jünger den Namen Gottes heiligen, und auch der Jünger soll dem Reich Gottes Raum geben, und auch der Jünger soll den Willen Gottes tun.

So wird mithilfe der sprachlichen Form der drei ersten Vaterunserbitten eine grundlegende theologische Einsicht ins Wort gebracht: Gott ergreift die Initiative. Er handelt. Und doch kann Gott wegen des Selbstandes und der Freiheit, in der er den Menschen will, in der Welt nichts tun, wenn er nicht Menschen findet, die seinen Willen zu ihrem eigenen Willen machen und so seinem Handeln Raum geben.

Deshalb steckt bereits in der Form des Vaterunsers viel Theologie. Erst recht dann natürlich in den sieben Bitten selbst. Im Vaterunser hat Jesus sein ganzes Wollen und Erwarten zusammengefasst.

2.
Die ursprüngliche Situation

Das Vaterunser ist kein Allerweltsgebet. Es hat einen klaren „Sitz im Leben", um einen Ausdruck der Bibelwissenschaft zu gebrauchen. Es ist primär Gebet für den Jüngerkreis Jesu. Besonders deutlich zeigt das die vierte Bitte des Vaterunsers: die Brotbitte. Sie soll deshalb an erster Stelle behandelt werden. Wie keine andere Vaterunserbitte beleuchtet sie nämlich die Situation, in der das Vaterunser seinen ursprünglichen Sitz hat. Um welche Situation handelt es sich? Unter welchen Koordinaten beten die Jünger Jesu das Vaterunser?

Jesus zieht in einem unsteten Wanderleben durch Israel. Er ist immer wieder unterwegs, damit er überall im Land den Beginn der Gottesherrschaft ausrufen kann. Dabei begleiten ihn die Zwölf und darüber hinaus ein größerer Jüngerkreis. Seine Jünger folgen ihm nach. „Nachfolgen" hat also zunächst einmal eine wörtliche Bedeutung: mit Jesus durch das Land ziehen; meistens am Morgen noch nicht wissen, wo man am Abend übernachten wird.

> *Die Füchse haben Höhlen, die Vögel des Himmels Nester; doch der Menschensohn hat nichts, wo er den Kopf hinbetten könnte. (Mt 8,20)*

Es gibt andere, die nicht mit Jesus durch das Land ziehen und die doch für seine Verkündigung von großer Wichtigkeit sind – nämlich die ortsgebundenen Anhänger Jesu: Geheilte, Freunde, Förderer, Sympathisanten, aber auch alle, die man im guten Sinn als Neugierige bezeichnen kann. Das Neue, das Jesus in Israel begonnen hat, braucht solche ortsgebundenen Anhänger. Es braucht solche Freunde und Helfer. Denn Jesus und seine Jünger ziehen ja bewusst mittellos und wehrlos durch das Land. Warum eigentlich?

Sie wollen sich durch ihre Wehrlosigkeit von den bewaffneten Zeloten unterscheiden, die damals überall in Israel unterwegs sind, um Anhänger und darüber hinaus Geld und Waffen zum Aufstand gegen die Römer zu sammeln. Damit die Jünger Jesu nicht mit den Zeloten verwechselt werden, dürfen sie kein Geld und keine Ausrüstung bei sich haben. Dann brauchen sie aber, wenn sie den ganzen Tag unterwegs gewesen sind, am Abend Menschen, die sie in ihre Häuser aufnehmen. Sie brauchen Menschen, die sie mit Essen versorgen und ihnen für die Nacht Schutz gewähren. Das alles spiegelt sich wider in den Aussendungsreden der Evangelien, etwa in der Aussendungsrede von Lukas 10.

Wenn es in ihr heißt, die Jünger sollten unterwegs niemand grüßen, so ist damit natürlich nicht der kurze Gruß gemeint, den man mit Vorübergehenden wechselt. Gemeint sind die langen Reden, die im Orient üblich sind, wenn man in einsamen Landstrichen Menschen begegnet. Da fragt man nach Herkunft und Verwandtschaft, erzählt sich, wo es Wasser gibt, und weist auf kürzlich geschehene Überfälle hin. Vor allem tauscht man sämtliche Neuigkeiten aus, die man gehört hat. Diese endlosen Reden, die so viel Zeit aus dem Tag herausschneiden wie heute das Fernsehen, sollen die Jünger Jesu meiden. Die Zeit ist bemessen. Denn die Gottesherrschaft drängt heran.

> *Geht! Ich sende euch wie Lämmer mitten unter Wölfe. Nehmt keinen Geldbeutel mit, keine Vorratstasche, keine Sandalen! Grüßt niemand unterwegs! Wenn ihr in ein Haus kommt, sagt als Erstes: „Friede diesem Haus!“ Wohnt dort ein Sohn des Friedens, wird euer Friede auf ihm ruhen. Wenn aber nicht, kehrt er auf euch zurück. Bleibt in diesem Haus, esst und trinkt, was von ihnen zu haben ist, denn der Arbeiter ist seines Lohnes wert.*
> *(Lk 10,3–7)*

In anderen Fassungen der Aussendungsrede wird den Jüngern sogar verboten, Brot für unterwegs mitzunehmen (vgl. Mk 6,8; Lk 9,3). Das sieht auf den ersten Blick so aus, als sollten die Jünger möglichst viel fasten und karg und kümmerlich leben.

Doch genau das ist nicht gemeint. Es geht in diesen Aussendungsreden in keiner Weise um Askese oder Bedürfnislosigkeit oder philosophische Armutsideale. Es geht um die scharfe Unterscheidung von den Zeloten und damit um das Eintreten für den Frieden, um das Eintreten gegen Gewalt und Krieg.

In dem Israel, das Jesus sammeln und unter die Herrschaft Gottes stellen will, darf es keine Gewalt und keine Gotteskrieger geben. Das endzeitliche Israel muss ein Ort des Friedens sein. Deshalb dürfen die Jünger, wenn sie die Gottesherrschaft proklamieren, keine Vorräte und keine Waffen bei sich haben. Selbst ein Stock, mit dem sie sich zur Wehr setzen könnten, wird ihnen von Jesus ausdrücklich verboten (Mt 10,10; Lk 9,3; aufgeweicht in Mk 6,8).

Nicht einmal Sandalen sollen sie tragen, damit sie auf dem steinigen Boden nicht fliehen können. Auch damit demonstrieren sie ihre Wehrlosigkeit.

Wenn sie keinerlei Ausrüstung und vor allem kein Geld bei sich haben, brauchen sie aber am Abend Menschen, die sie in ihre Häuser aufnehmen, ihnen Brot zu essen geben und ihnen für den nächsten Tag etwas mitgeben. Deshalb die Brotbitte des Vaterunsers!

Etwas anderes kommt hinzu: Die Jünger haben alles verlassen: ihr Haus, ihre Familie, ihren Beruf. Und mit der Familie, die eine echte Großfamilie war, auch ihren Vater, der für die Familie sorgte und plante. Es ist eine bare Selbstverständlichkeit, dass ein Hausvorstand für seine Familie planen und vorsorgen muss. Aber in diesem Sinn haben diejenigen, die ihre Familien verlassen haben, nun keinen Vater mehr. Deshalb lehrt sie Jesus im Vaterunser, Gott als ihren *abba,* als ihren liebenden und sorgenden Vater anzureden.

Das *abba* am Anfang des Vaterunsers hat also nichts Beliebiges an sich: es drückt exakt die Situation der neuen Familie aus, in der die Jünger jetzt leben. Die Jünger, die Jesus nachfolgen, haben Gott in einem ganz neuen und radikalen Sinn zum Vater bekommen. Er sorgt nun für sie, so wie vorher ihr leiblicher Vater für sie gesorgt hat. Sie dürfen ihm restlos vertrauen.

Allerdings: Dieses Vertrauen ist kein magisches Vertrauen, das irrational wäre und keinen Boden unter den Füßen hätte. Das Vertrauen zu Gott als zu ihrem neuen *abba* hat einen realen Boden. Die Jünger Jesu dürfen darauf setzen, dass sie am Abend, wenn sie ein Dach über dem Kopf brauchen, immer wieder Häuser finden, in die man sie aufnimmt.

Die Jünger Jesu leben tatsächlich in einer „neuen Familie". Ihre alte, natürliche Familie mussten sie um der Verkündigung des Gottesreiches willen verlassen. Sie haben dafür aber eine neue Familie mit „hundert Brüdern und Schwestern" gefunden (Mk 10,30). Eben nicht nur die anderen Jünger, sondern auch die Freunde, Sympathisanten und stillen Helfer überall im Land, auf die sie vertrauen können. Das alles spiegelt sich im Vaterunser wider, das mit der Gebetsanrede *abba* beginnt und in seiner vierten Bitte um das tägliche Brot betet.

Um das „tägliche" Brot? An dieser Stelle gibt es ein schwieriges Übersetzungsproblem. *Ton arton hemon ton epiousion* steht im griechischen Text. Meist wird *epiousios* mit „täglich" übersetzt. So auch in der Fassung des Vaterunsers, die im deutschen Sprachraum gebetet wird: „Unser tägliches Brot gib uns heute." Das Wort *epiousios* ist aber – unabhängig vom Vaterunser – in der uns erhaltenen griechischen Literatur nirgendwo belegt. Wir müssen also rekonstruieren, was mit diesem Wort überhaupt gemeint war.

Gemeint war wahrscheinlich das Brot für den nächsten, für den folgenden Tag, der allerdings in Israel schon am Abend beginnt. Dann käme *epiousios* von *epienai* = bevorstehen, folgen. Die Apostelgeschichte spricht immer wieder vom „bevorstehenden (Tag)" und zwar mithilfe von *epienai* (vgl. Apg 7,26; 16,11; 20,15; 21,18). Die Jünger Jesu würden dann im Vaterunser um das Brot für den Abend beziehungsweise für den nächsten Tag beten.

Es wird also nicht für längere Zeit vorgesorgt. Es gibt keine Zukunftsplanung. Die endzeitliche Situation ist so zugespitzt, die je aktuelle Verkündigung so vorrangig, dass Planung nicht möglich wird. Jesus und seine Jünger wissen am Morgen noch nicht, wo sie am Abend sein werden. Sie leben immer nur im Heute. Der Blick reicht gerade noch bis zum kommenden Tag.

Wir dürfen also ihr Gebet um Brot so umschreiben: Gib, dass wir heute Menschen begegnen, die uns in ihre Häuser aufnehmen und uns am Abend zu essen geben, so dass unser Leben, unsere Nahrung wieder für einen Tag gesichert ist. – Mehr ist nicht möglich. Mehr ist aber auch nicht notwendig, denn die Jünger Jesu sind umgeben und getragen von der Vatersorge Gottes.

Damit entspricht ihre Lage der Situation Israels in den alttestamentlichen Wüstenerzählungen. Mit seinem Exodus hat Israel die Daseinsvorsorge des Wohlfahrtsstaates Ägypten verlassen. Eine neue Gesellschaftsordnung gegenseitiger Solidarität soll beginnen. In der außerordentlichen Situation der Wüste ernährt Gott sein Volk mit Manna, aber die Israeliten dürfen mit dem Manna keine Vorratswirtschaft betreiben. Sie dürfen, außer vor dem Sabbat, immer nur den Bedarf für einen einzigen Tag aufsammeln. In Exodus 16,4 ist die Rede vom „Maß des Tages an seinem Tag" *(debar jom bejomo)*, das heißt, von der Ration für den bevorstehenden Tag. Möglicherweise versuchte das *epiousios* eine entsprechende Anspielung auf Exodus 16,4 im Griechischen wiederzugeben.

Doch wie immer die Dinge sprachlich gelaufen sind – man kann sich nur schwer vorstellen, dass Jesus die Bitte um Brot für den *einen* Tag formuliert haben sollte, ohne dabei die Manna-Erzählungen vor Augen zu haben. Er wusste: Seine Jünger, die jetzt überall im Land „wie Schafe inmitten von Wölfen" die Gottesherrschaft verkünden, sind wie damals Israel in einer im Grunde unmöglichen Wüstensituation. Im Übrigen entspricht die Vaterunserbitte der Ermahnung Jesu in Matthäus 6,34. Auch hier geht es um den einen, einzigen Tag, wobei uns nicht zu kümmern braucht, wie dieser eine Tag nun exakt kalendarisch zu fixieren ist:

> *Sorgt euch also nicht um das Morgen. Denn das Morgen wird um sich selber sorgen. Jeder Tag hat genug eigene Plage. (Mt 6,34)*

Wir haben bereits gesehen, und es sei hier noch einmal betont: Diese Art von Sorglosigkeit hat nichts mit einem blauäugigen, naiv-weltfremden Verhalten zu tun. Und zwar deshalb, weil es eben nicht nur den Jüngerkreis gibt, sondern zerstreut über das Land Sympathisanten, die ihre Häuser zur Verfügung stellen. Die Jünger Jesu sind nicht allein. Sie haben Freunde. Sie können mit vielen anderen im Land rechnen. Denken wir etwa an Lazarus in Betanien und seine Schwestern Maria und Marta (Lk 10,38–42; Joh 11,1–5) oder denken wir an den ungenannten Mann, der Jesus und seinen Jüngern für den Seder-Abend ein gut ausgestattetes Obergemach zur Verfügung stellt (Mk 14,12–16).

Die Brotbitte des Vaterunsers zeigt: In Israel entsteht etwas Neues. Die Jünger werden ausgesandt ohne Hilfsmittel, ohne Proviant. Sie vertrauen auf ihren *abba*, den im Himmel – und auf die Solidarität derjenigen, die sie von ihren Häusern aus unterstützen. So können sie ihre ganze Kraft für die Verkündigung einsetzen.

Die Brotbitte des Vaterunsers ist also alles andere als harmlos. Sie bittet nicht um die Erhaltung bürgerlicher Sattheit, sie bittet nicht einmal um „Brot für die Welt". In ihr bitten die Nachfolger Jesu darum, dass sie täglich so viel vom Notwendigsten haben, dass ihnen genügend Kraft und Freiraum für die Verkündigung bleibt.

Indirekt geht es in dieser Bitte also um eine neue Form von Gesellschaft, um eine neue Familie, in der alle einander helfen, damit die Verkündigung des Reiches Gottes möglich wird. Die nachösterlichen Gemeinden nannten diese neue Form der Solidarität *agape.* Das Wort *agape* bedeutet, dass jeder vom anderen her denkt, dass jeder fragt, was der andere braucht, und ihm entsprechend hilft. Das Ziel dieses Miteinanders in der *agape* ist die Ermöglichung apostolischer Arbeit: Dass die Gemeinde Jesu durch ihre Boten das Evangelium verkünden kann.

Noch einmal: Das Vaterunser ist nicht harmlos. Auch die anscheinend so selbstverständliche Bitte um das tägliche Brot ist nicht harmlos. Denn diese Bitte setzt voraus, dass man die neue Familie Jesu will, dass man das tägliche Miteinander vieler Brüder und Schwestern will und den dadurch ermöglichten Einsatz für das Evangelium.

So wird gerade bei der Auslegung der vierten Vaterunserbitte deutlich: Die genaue Frage nach der Form und der historischen Situation eines biblischen Textes ist kein Luxus. Sie ist vielmehr eine Hilfe, den Text besser zu verstehen. Erst dann können wir ihn in unsere eigene Situation übertragen. Erst dann können wir uns selbst fragen: Leben wir denn diesen Text und das, was er uns sagen will? Das heißt im Fall der Brotbitte: Sorgen wir uns darum, dass in unseren Gemeinden immer wieder das neutestamentliche Miteinander vieler Helfer und Sympathisanten entsteht, welches es anderen ermöglicht, frei zu sein für die Verkündigung des Evangeliums?

3.

Die unvergessene Anrede

Das Vaterunser, wie Jesus es lehrte, begann mit der Anrede „Vater“. Diese äußerst knappe Form der Anrede ist uns in der lukanischen Fassung des Vaterunsers noch erhalten. In der Matthäusfassung ist die Anrede wahrscheinlich schon liturgisch erweitert. Dort lautet sie: „Unser Vater in den Himmeln“. Absolut sichere Beweise sind in solchen Fragen natürlich nicht möglich. Doch wir müssen eher damit rechnen, dass ein von Jesus stammendes Gebet erweitert als dass es gekürzt wurde. Im Übrigen entspricht die äußerst kurze Anrede bei Lukas der gedrängten Form des gesamten Vaterunsers.

Wir haben es in unseren beiden ersten Kapiteln schon vorweggenommen: Der Anfang des Vaterunsers muss im Munde Jesu *abba* gelautet haben. Zu diesem aramäischen *abba* ist in den letzten Jahrzehnten viel geschrieben worden. Offenbar stammt das Wort ursprünglich einmal aus dem Intimbereich der Familie. Allerdings: Das kindliche Lallwort hat es längst hinter sich gelassen. Es ist also keinesfalls unserem „Papa“ gleichzusetzen, wie eine Zeitlang immer wieder behauptet wurde. Trotzdem: In dem Wort schwingen noch immer Zärtlichkeit und Vertrautheit mit.

Jesus hat diese Intim-Anrede gewagt – fast so, als wäre sie selbstverständlich. Er konnte sie wagen aufgrund seines

Verhältnisses zu seinem Vater im Himmel und zugleich aufgrund der Erfahrung der neuen Familie, die er mit seinen Jüngern begonnen hatte. Die Jünger hatten ja Vater und Mutter um Jesu willen verlassen. Sie hatten nur noch den Vater im Himmel. Diese neue Situation klingt nach in einer Sprachregelung der jungen Kirche, die sich gegen die schnell aufsprießende Titelsucht wendet:

> *Nennt niemanden von euch auf Erden „Vater". Denn nur einer ist euer Vater, der im Himmel. (Mt 23,9)*

Doch woher wissen wir überhaupt, dass das Vaterunser ursprünglich einmal mit *abba* begann? Bei Matthäus (6,9) und Lukas (11,2) steht im Urtext ja gar nicht *abba,* sondern die griechische Form für „Vater". Woher können wir wissen, dass Jesus am Anfang des Vaterunsers als Anrede nicht einfach die hebräische Form *abinu* („unser Vater") benutzt hat?

So seltsam es auf den ersten Blick erscheint: Der Anfang des Herrengebets lässt sich aus den Paulusbriefen erschließen. Paulus sagt nämlich in Römer 8,15:

> *Ihr habt den Geist der Sohnschaft empfangen, den Geist, in dem wir rufen: Abba, Vater!*

Und ähnlich schon in Galater 4,6:

> *Weil ihr aber Söhne seid, sandte Gott den Geist seines Sohnes in unsere Herzen, den Geist, der ruft: Abba, Vater!*

Weshalb sollte Paulus hier das ausländisch klingende *abba* verwenden, wenn es den damaligen Christen nicht lieb und teuer gewesen wäre? Sie wussten: Das war die Sprache Jesu. So hatte er selbst vor seinem Leiden seinen himmlischen Vater angeredet (Mk 14,36). Das Vaterunser hat also sein Echo hinterlassen bis in die Paulusbriefe hinein.

Die ursprüngliche Gottes-Anrede des Vaterunsers blieb unvergessen.

Was den ersten Christen unfassbar und kostbar war: dass sie Gott mit *abba,* mit „lieber Vater" anreden durften, erzeugt bei uns späten Christen Probleme. Ist Gott denn ein Mann? Am Ende gar ein Patriarch? Muss nicht dieses ganze Gottesbild einer vergangenen Zeit endlich aufgebrochen werden zu dem wahren Bild von Gott, in dem die weiblichen Züge genauso stark betont sind wie die männlichen? Und zwar nicht nur in gelehrter Theologie, sondern bis in die Sprache hinein? Ist unsere Sprache nicht noch immer zutiefst patriarchal geprägt und erzeugt sie so nicht unablässig patriarchale Strukturen?

In den USA sind solche Überlegungen seit langem im Schwang, und sie sind auch bei uns virulent. Längst wurde vorgeschlagen, das „Vaterunser" wechselweise auch als „Mutterunser" zu beten. Weil sich solcher Wechsel aber nicht leicht handhaben lässt, konstruierten vor einiger Zeit evangelische Bibelwissenschaftlerinnen und Bibelwissenschaftler eine „Bibel in gerechter Sprache". In ihr beginnt das Herrengebet in seiner Matthäus-Fassung nicht mehr mit „Vater unser im Himmel", sondern mit:

Du, Gott, bist uns Vater und Mutter im Himmel.

Was ist da geschehen? Aus Gründen „geschlechtsgerechter Sprache" wurde aus der vertraulichen Anrede „Vater" die kühlere Anrede „Gott". Und aus der liturgischen Erweiterung „im Himmel", die ganz Gebetssprache ist, wurde eine Belehrung in Sachen Feminismus. Genau besehen wird zu Beginn dieses Neu-Gebetes nicht mehr Gott angeredet, sondern die Beter werden belehrt, wie sie sich Gott vorzustellen haben.

Damit aber ist der Anfang des Vaterunsers in sein Gegenteil verkehrt. Was im Munde Jesu vertrauliche, von jedem Zeremoniell freie, unmittelbare Anrede des Vaters im Himmel war, wird nun zum feministischen Belehrungs-Zeremoniell. Bei der lukanischen Fassung wird es sogar noch schlimmer. Dort verwandelt sich konsequenterweise das „Vater" in ein „Du Gott!", denn „Du Vater, du Mutter!" wollte man offenbar nicht sagen. Und die frühen Christen, die laut Römer 8,15 den heiligen Geist empfangen haben und in ihm „Abba, Vater" rufen, haben nun eine heilige „Geistkraft" empfangen und rufen in ihr: „Du Ursprung allen Lebens, sei unser Schutz!"

So erzeugt die anscheinend gerechte Sprache massive Ungerechtigkeiten gegenüber dem Text. Es ist ja überhaupt nicht ausgemacht, ob die Vater-Anrede im Munde Jesu überhaupt patriarchale Strukturen in sich trug. Jesus hat sich seinem Clan nicht untergeordnet, sich seinen Weg nicht von seinen Verwandten vorschreiben lassen, sondern er hat seine Familie verlassen (Mk 3,20–21.31–35). Und seinen Jüngern hat er innerhalb der neuen Familie hundert Brüder, hundert Schwestern, hundert Mütter – aber gerade keine hundert Väter verheißen (Mk 10,30).

Das Alte Testament spricht zwar oft von den mütterlichen Zügen Gottes, und es kann ihn mit einer Mutter vergleichen (so etwa Jes 66,13). Aber es bezeichnet Gott nie unmittelbar als Mutter. Erst recht redet es Gott niemals als Mutter an.

Sollte das nicht einen tiefen Grund haben? Dass nämlich im Alten Testament das Verhältnis zwischen Gott und seinem Volk in Analogie zu dem Verhältnis „Mann–Frau" gesehen wird? Das Volk Gottes kann ja als die Geliebte oder als die Gemahlin Gottes dargestellt werden (z. B. in Ez 16).

Sie wurde von Gott erwählt und umworben, und er hat sie heimgeführt. Sie ist die Hörende und Empfangende, freilich auch die Treulose.

Innerhalb eines solchen Bildfeldes, das für die Bibel bis tief ins Neue Testament hinein grundlegend ist (vgl. nur 2 Kor 11,2 und Eph 5,25–32), muss Gott als Mann ausgesagt werden, so sehr auch das reines Bild ist und so wenig die mütterlichen Züge im Gottesbild fehlen dürfen. Darf man das Gefüge dieser Bildstrukturen einfach zerschlagen?

Aber wahrscheinlich ist die Not der Feministinnen gar nicht die größte Not, die Christen heute mit der Vater-Anrede des Vaterunsers haben. Viel schwerer haben es wohl die, die keinen Vater hatten oder nur ein Zerrbild von Vater – die vielen Kinder der „vaterlosen Gesellschaft". Können sie überhaupt nachfühlen, was es heißt, Gott als Vater zu bekennen und ihn als Vater anzureden?

Hier hilft Johannes 14,9 weiter: „Wer mich sieht, sieht den Vater." Damit ist uns doch gesagt: Letztlich können wir Gott nur erkennen, wenn wir auf Jesus blicken. Er ist die Ikone Gottes. In unserem Zusammenhang heißt das: Zwar hat nicht jeder einen Vater und nicht jeder den rechten. Aber jeder kann Jesus zum Bruder haben, auf ihn blicken, von ihm lernen, mit ihm denselben Weg gehen. Wer das tut, wird über Jesus erfahren, was es heißt, dass Gott unser Vater ist. Er wird durch Jesus Gott als Vater gewinnen. Er wird in der Nachfolge Jesu genau dort ankommen, wo der Geist Gottes uns zu Söhnen und Töchtern Gottes macht und in „unaussprechlichen Seufzern" (Röm 8,26) in uns ruft: Abba, Vater.

Am schwersten mit der Vater-Anrede aber haben es die Vielen, denen sich das Bild Gottes des Vaters inmitten des unsäglichen Leids der Welt und der Millionen Ermordeter ganz entzogen hat. Die jüdische Dichterin Rose Ausländer schrieb angesichts der Schoa:

Vater unser
nimm zurück deinen Namen
Wir wagen nicht
Kinder zu sein

Wie mit erstickter Stimme
Vater unser sagen

Zitronenstern
an die Stirn genagelt

(...)

Vater unser
wir geben dir zurück
deinen Namen
Spiel weiter den Vater
im kinderlosen
luftleeren Himmel.

Es gibt auf diesen Text, der mehr Notschrei und Klage als Anklage ist, keine billige Antwort. Die Antwort könnte nur sein, dass die Christen wirklich als Kinder Gottes und das heißt als Brüder und Schwestern für die anderen leben – vor allem auch für ihre jüdischen Brüder. Dann wäre das Antlitz des Vaters nicht mehr entstellt.

4.
Die Sammlung des Gottesvolkes

Das Vaterunser kann zum Ärgernis werden – wenn es bei den Christen zu einer religiösen Verrichtung wird, die keinerlei Konsequenzen hat. Dann begehren Menschen auf, die solche Beterei nicht hinnehmen. Ihr Zorn richtet sich dann leicht an die falsche Adresse: an das Vaterunser selbst. 1992 heftete die Künstlerin Cosy Piéro einen großen Zettel an das Portal der Münchner Theatinerkirche mit der folgenden Umkehrung des Vaterunsers:

Mensch, der ich bin auf Erden
heilig sei mir mein Name
möge mein Reich werden und
geschehe dies durch meinen freien Willen
ich vergebe meiner
und meines Nächsten Schuld
und löse mich von allem Übel
denn dies ist meine Kraft und Schönheit
für eine kurze Zeit

Nun steht der Mensch im Mittelpunkt. Er ist konsequent an die Stelle Gottes gerückt. Nicht mehr der Name Gottes wird geheiligt, sondern der eigene Name. Der Mensch erhofft sich sein eigenes Reich. Er hebt den eigenen Willen hoch empor und löst sich selbst von allem Übel.

Dieses Vaterunser möchte ehrlich sein. Es revoltiert gegen ein Vaterunser, das nichts anderes als ein allgemeines religiöses Geplapper ist. Es glaubt uns nicht, was wir da beten. Das Vaterunser wird uns auch nie geglaubt werden, wenn es nicht als Basis eine Gesellschaft hat, die den Worten, die wir im Vaterunser machen, entspricht. Diese Basis, dieser Boden sind Nachfolger und Jünger – umgeben von denen, welche die Jünger mittragen und ermöglichen, kurz: die Volk Gottes sind im Sinn des Neuen Testamentes.

Das Verblüffende ist nur: Dieses Volk Gottes, ohne das es keine Jüngerexistenz geben kann, scheint gerade im Vaterunser nicht vorzukommen. Das ist seltsam. Es ist umso seltsamer, als es für einen Juden selbstverständlich war, für das Volk Gottes zu beten. Erstes Beispiel: Das Kaddisch. In ihm ist ausdrücklich von der Hoffnung „des ganzen Hauses Israel" die Rede. Zweites Beispiel: Die Tefilla, das Achtzehnbittengebet. Dort heißt es in der 7. Bitte:

> *Schau doch auf unser Elend. Führ unsren Kampf. Erlöse uns um deines Namens willen. Gepriesen seist du, Herr, Erlöser Israels.*

In der 8. Bitte heißt es dann:

> *Heile uns, Herr, unser Gott, von unsrer Herzensqual. Schmerz und Elend nimm hinweg von uns. Schaff unsren Striemen Heilung. Gepriesen seist du, Herr, der du in deinem Volke Israel die Kranken heilst.*

In der 14. Bitte:

> *Erbarme dich, Herr, unser Gott, mit deinem Reichtum an Erbarmen jetzt über Israel, dein Volk, und über deine Stadt Jerusalem, und über Zion, die Behausung deiner Herrlichkeit, und über deinen Tempel, deine Wohnung.*

Erbarme dich des Königtums des Hauses David, deines richtigen Gesalbten. Gepriesen seist du, Herr, des Davids Gott, der du Jerusalem erbaust.

Und in der 18., der letzten Bitte:

Leg deinen Frieden über Israel, dein Volk, und über deine Stadt, sowie dein Erbe, und schenk uns allzusammen deinen Segen. Gepriesen seist du, Herr, der du den Frieden schaffst.

Es geht also ständig um das Volk Gottes. Für jüdische Theologie ist das eine Selbstverständlichkeit. Warum kommt dieses Volk Gottes im Vaterunser nicht vor?

Nun, es kommt vor. Nur erkennen wir das nicht mehr, weil wir zu wenig in der Bibel leben. Sofort die erste Bitte des Vaterunsers, um die es jetzt geht, ist nichts anderes als eine Bitte um die Sammlung und Heiligung des Gottesvolkes.

„Geheiligt werde dein Name“: Diese Sprache ist uns fremd geworden. Sie lebte bis in unsere Zeit zwar noch in einer gewissen Weise fort in der kindlichen Beichtformel: „Ich habe den Namen Gottes unehrerbietig im Munde geführt.“ Aber die Bibel meint mit der „Heiligung des Namens“ viel mehr, als den Namen Gottes mit Ehrerbietung auszusprechen.

Hinter der Formel von der „Heiligung des Namens“ steht nämlich das Buch Ezechiel, vor allem dessen Kapitel 20 und 36. Bei Ezechiel ist immer wieder von dem heiligen Namen Gottes die Rede, und bei ihm findet sich der einzige Beleg der hebräischen Bibel, wo die Aussage, der Name Gottes werde geheiligt werden, Gott als handelndes Subjekt hat (Ez 36,23). An sich ist die Heiligung des Namens *(qiddusch haschschem)* ein breit gestreutes alttestamentliches und jüdisches Thema. Subjekt ist dabei aber immer der Mensch beziehungsweise das Volk Israel, und es geht dabei vor allem um die Beobachtung der Gebote. Man vergleiche besonders den Basistext Levitikus 22,31–33. Die Aussage, dass Gott selbst seinen Namen heiligt, führt uns hingegen zu Ezechiel. Sehen wir uns deshalb den Text aus Ezechiel 36, der ohne Zweifel den Hintergrund der ersten Vaterunserbitte bildet, genauer an:

> *Ich habe sie [die Israeliten] unter die Völker zerstreut. In alle Länder wurden sie vertrieben. Nach ihrem Verhalten und nach ihren Taten habe ich sie gerichtet. Als sie aber zu den Völkern kamen, entheiligten sie überall, wohin sie kamen, meinen heiligen Namen. Denn man sagte von ihnen: „Das ist das Volk JHWHs – und doch mussten sie sein Land verlassen." Da tat mir mein heiliger Name leid, den das Haus Israel bei den Völkern entheiligt hat, wohin es auch kam.*
>
> *Darum sag zum Haus Israel: So spricht JHWH, der Herr: Nicht euretwegen handle ich, Haus Israel, sondern um meines heiligen Namens willen, den ihr bei den Völkern entheiligt habt, wohin ihr auch gekommen seid. Meinen großen, bei den Völkern entheiligten Namen, den ihr mitten unter ihnen entheiligt habt, werde ich wieder heiligen. Und die Völker – Spruch JHWHs, des Herrn – werden erkennen, dass ich JHWH bin, wenn ich mich an euch vor ihren Augen als heilig erweise.*
>
> *Ich hole euch heraus aus den Völkern, ich sammle euch aus allen Ländern und bringe euch in euer Land. Ich gieße reines Wasser über euch aus, dann werdet ihr rein. Ich reinige euch von aller Unreinheit und von all euren Götzen. Ich schenke euch ein neues Herz und lege einen neuen Geist in*

euch. Ich nehme das Herz von Stein aus eurer Brust und gebe euch ein Herz von Fleisch. Ich lege meinen Geist in euch und bewirke, dass ihr meinen Gesetzen folgt und auf meine Gebote achtet und sie erfüllt. Dann werdet ihr in dem Land wohnen, das ich euren Vätern gab. Ihr werdet mein Volk sein, und ich werde euer Gott sein.
(Ez 36,19–28)

In diesem Text, der die Heilserwartung des gesamten Ezechielbuches verdichtet und zusammenfasst, finden sich sechs Reihen von Aussagen:

1. Reihe: Israel wohnte in dem Land, das Gott ihm geschenkt hatte. Aber es lebte nicht nach der Sozialordnung Gottes. Es diente nicht dem Gott, der es erwählt hatte, sondern anderen Göttern. Damit missachtete es das Land und entheiligte den Namen Gottes. Es füllte das Land mit Neid, Hass und Rivalität. So verdarb es das Land und zerstörte den Glanz, der eigentlich von diesem Land ausgehen sollte.

2. Reihe: Gott konnte diese Entheiligung und Verachtung des Landes nicht dulden. Er musste Israel aus dem Land vertreiben und es unter die Heidenvölker zerstreuen. – Wieso musste Gott Menschen vertreiben? Wir Heutigen wehren uns gegen ein solches Gottesbild. Muss Gott bestrafen? Muss Gott vertreiben? Was die Bibel meint, wird uns einsichtiger, wenn wir diese Aussagen konsequent vom Menschen her formulieren: Eine Gesellschaft, die ständig gegen die Schöpfungsordnung Gottes lebt, zerstört sich selbst. Das gilt erst recht für das Gottesvolk mit seiner besonderen Berufung für die anderen Völker. Wenn es unentwegt gegen seine Berufung handelt, zerstört es den Boden, auf dem es steht. Es zerstört seine Basis. Es bringt sich selbst um sein Land. Es bringt sich selbst um seine Existenz.

3. Reihe: Die Zerstreuung Israels unter die Völker, die es selbst verursacht, macht die Dinge aber noch schlimmer. Denn diese Zerstreuung bewirkt, dass der Name Gottes noch mehr entheiligt wird. Jetzt spottet alle Welt über dieses Volk und seinen Gott. Sie sagen: Was für ein erbärmlicher, ohnmächtiger Gott ist dieser JHWH. Er ist ein Gott, der nicht für sein Volk sorgt. Er ist ein Gott ohne Volk. Er ist ein Gott ohne Land.

4. Reihe: Gott muss diese Verächtlichmachung seines Namens beenden. Er kann nicht dulden, dass sein Name weiterhin durch die Zerstreuung Israels unter die Völker lächerlich gemacht wird. Deshalb wird Gott nun selbst seinen Namen vor allen Völkern heiligen. Dass er eingreift, ist keineswegs das Verdienst Israels:

> *Nicht euretwegen handle ich, Haus Israel, sondern um meines heiligen Namens willen, den ihr bei den Völkern entheiligt habt, wohin ihr auch gekommen seid.*
> *(Ez 36,22)*

5. Reihe: Wie beendet Gott den unerträglichen Zustand? Wie heiligt er seinen Namen? Er heiligt ihn, indem er sein Volk aus der Zerstreuung sammelt und es wieder zurückführt in das Land. Er heiligt seinen Namen, indem er die Israeliten von ihren Götzen befreit und ihnen ein neues Herz und einen neuen Geist gibt. Er nimmt ihnen das Herz von Stein aus der Brust und gibt ihnen ein Herz von Fleisch. So wird es Israel möglich, die Sozialordnung Gottes zu leben.

6. Reihe: In dem Augenblick, da Israel als erneuertes Volk wieder nach dem Willen Gottes lebt, verändert sich das Land. Das Getreide wächst in Fülle. Die Obstbäume hängen voller Früchte. Das verödete Land wird zum Paradies.

Die unwirtlichen Städte werden wieder schön. Wenn das alles geschieht, werden die Völker erkennen, wer Gott ist. Dann wird sein Name vor ihnen geheiligt sein, und die Völker geben Gott die Ehre:

> *Dann wird man sagen: „Dieses verödete Land ist zum Garten Eden geworden: die zerstörten, verödeten, vernichteten Städte sind wieder befestigt und bewohnt." Dann werden die Völker, die rings um euch noch übrig sind, erkennen, dass ich, JHWH, das Zerstörte wieder aufgebaut und das Ödland wieder bepflanzt habe. Ich, JHWH, habe gesprochen und ich führe es aus.*
> *(Ez 36,35–36)*

Die erste Bitte des Vaterunsers fasst dieses gesamte Textgefüge aus Ezechiel 36 in einem einzigen Satz zusammen. Wenn wir also beten: „Geheiligt werde dein Name", dann erflehen wir von Gott,

– dass er sich seines Volkes annehme,
– dass er sein Volk aus der Zerstreuung sammle,
– dass er es überhaupt wieder zu einem Volk mache,
– dass er seinem Volk ein neues Herz gebe,
– dass er sein Volk mit heiligem Geist erfülle.

Anders formuliert: In der ersten Vaterunserbitte flehen wir darum, dass es wieder einen Ort in der Welt gibt, durch den die Herrlichkeit und die Ehre Gottes sichtbar werden – einen Ort, um dessentwillen Gottes Name auch von den Heiden geachtet, ja angerufen werden kann.

Allerdings gilt nun auch: Das Gottesvolk begegnet im Vaterunser nicht in derselben Weise wie im jüdischen Achtzehnbittengebet. Das Haus David kommt nicht vor. Die Stadt Jerusalem wird nicht erwähnt. Der Zion und der

Tempel werden nicht genannt. Denn das alles konnte zur Zeit Jesu politisch missverstanden werden. Und zwar durch die zelotische Bewegung, mit der Jesus ständig konfrontiert war, aber auch durch das Denken vieler anderer. Jesus geht es allein um die Ehre Gottes, um Gottes guten Namen. Die einzige Ehre Gottes ist sein Volk, aber nicht ein national verstandenes Volk, sondern das Volk, das Ezechiel vor Augen hat. Damit ist das Gebet schon geöffnet auf die Pfingsterfahrung der Jüngergemeinde hin.

Die erste Vaterunserbitte, die Jesus offensichtlich als die wichtigste und dringendste Bitte im Gebet seiner Jünger ansah, hat also einen präzisen, inhaltlich genau umrissenen Sinn: Es geht um die endzeitliche Sammlung und Wiederherstellung des Gottesvolkes. Eben auf diese Weise wird der Name Gottes geheiligt.

Damit ist nun aber auch der ganze Anspruch des Vaterunsers offenkundig. Eigentlich darf es nur derjenige beten, der die Sammlung des zerrissenen und gespaltenen Gottesvolkes ersehnt. Eigentlich darf es nur der beten, der bereit ist, mit seiner ganzen Kraft bei der Erneuerung des Gottesvolkes mitzuarbeiten.

5.
Das Kommen der Gottesherrschaft

Die erste Vaterunserbitte hat einen genau umrissenen Schrifthintergrund: die Theologie des Buches Ezechiel. Die erste Bitte rückt mit einem einzigen kurzen Satz ein ganzes Buch vor die Augen des Beters. Sollte es mit der zweiten Bitte ähnlich sein?

Es ist tatsächlich so. Den Hintergrund bildet hier ein anderer der vier großen Propheten, nämlich Daniel. In Daniel 7,13–14 wird einem „Menschensohn" das Königtum über die ganze Erde verliehen. Das Besondere an Daniel 7,13–14 liegt darin, dass dort sowohl vom „Kommen" als auch vom „Königtum" die Rede ist. „Königtum" aber ist genau das Wort, welches Jesus verwendet, wenn er vom „Königtum Gottes", vom „Reich Gottes" beziehungsweise von der „Herrschaft Gottes" redet. Im Griechischen steht hinter diesen drei bei uns üblichen Übersetzungsvarianten stets das Wort *basileia,* im Hebräischen das Wort *malkut.* Soviel sei schon vorweggenommen zu dem folgenden Text:

> *Da k a m mit den Wolken des Himmels einer wie ein Menschensohn. Er gelangte bis zu dem Hochbetagten und wurde vor ihn hin geführt. Ihm wurden die Herrschaft, die Ehre und das K ö n i g t u m gegeben. Alle Völker,*

Nationen und Sprachen müssen ihm dienen. Seine Herrschaft ist eine endgültige, unvergängliche Herrschaft. Sein Königtum geht niemals unter.
(Dan 7,13–14)

Dieser Text kommt in der katholischen Liturgie mehrfach vor – zum Beispiel am Christkönigssonntag des Lesejahres B. Allerdings ist der Text Daniel 7,13–14 in allen Fällen, in denen er in der Liturgie verwendet wird, aus seinem Kontext herausgelöst. Es verhält sich mit ihm wie mit einer Rosine, die aus einem Stück Kuchen herausgepickt wird. Durch diese Pick-Methode wird der entscheidende Begriff des Königtums Gottes, der für Jesus so zentral ist, blass und abstrakt.

Man kann wegen der Beschneidung des Textes gar nicht verstehen, was mit dem „Königtum" in Daniel 7 überhaupt gemeint ist, genausowenig wie man noch versteht, was der „Menschensohn" ist. Wir führen uns deshalb im Folgenden den gesamten Textzusammenhang Daniel 7,2–14 vor Augen. Dabei wird sich herausstellen, dass sich das für die zweite Vaterunserbitte so wichtige „Kommen" auch hier schon auf das Kommen des Reiches bezieht – und zwar deshalb, weil mit dem Menschensohn eine *Gesellschaft* gemeint ist, und zwar eine Gesellschaft, der von Gott für immer die Basileia, also die Herrschaft, das Königtum, das Reich gegeben wird.

Ich [Daniel] hatte während der Nacht eine Vision: Siehe, die vier Winde des Himmels wühlten das große Meer auf. Aus dem Meer aber stiegen vier große Tiere herauf. Und jedes hatte eine andere Gestalt. Das erste war einem Löwen ähnlich, hatte jedoch Adlerschwingen. (...) Und siehe, ein anderes, zweites Tier: Es glich einem Bären und stand hoch aufgerichtet. Es hielt im Maul zwischen seinen Zähnen drei Rippen, und es wurde ihm befohlen: „Auf, friss noch mehr Fleisch!" Danach schaute ich – und siehe, wieder ein anderes Tier: Es glich einem Leoparden, hatte aber auf dem Rücken vier Flügel wie die Flügel eines Vogels. Auch hatte das Tier vier Köpfe. Ihm wurde Herrschermacht gegeben.

Danach schaute ich in meinen nächtlichen Visionen – und siehe: ein viertes Tier. Es war entsetzlich und grauenhaft anzusehen und stark über alles Maß. Es hatte gewaltige eiserne Zähne. Es fraß und zermalmte. Was noch übrig blieb, zertrat es mit seinen Füßen. Es war anders als all die Tiere vor ihm. Auch hatte es zehn Hörner. Als ich die Hörner betrachtete, sah ich, wie ein weiteres, ein kleines Horn zwischen ihnen aufspross, und drei der ersten Hörner wurden ausgerissen. Und siehe: An diesem Horn waren Augen wie Menschenaugen und ein Maul, das anmaßend redete.

Ich schaute noch immer: Da wurden Throne aufgestellt, und ein Hochbetagter nahm Platz. Sein Gewand war weiß wie Schnee, sein Haar wie reine Wolle. Feuerflammen waren sein Thron und die Räder des Thrones loderndes Feuer, ein Strom von Feuer ging von ihm aus. Tausendmal Tausende dienten ihm. Zehntausendmal Zehntausende standen vor ihm. Das Gericht nahm Platz, und es wurden Bücher aufgeschlagen.

Ich sah noch immer hin, bis das [vierte] Tier wegen der anmaßenden Worte, die es redete, getötet wurde. Sein Kadaver wurde ins Feuer geworfen und vernichtet. Auch den anderen Tieren wurde die Herrschaft genommen. (…)

Immer noch hatte ich die nächtlichen Visionen. Da kam mit den Wolken des Himmels einer wie ein Menschensohn. Er gelangte bis zu dem Hochbetagten und wurde vor ihn hin geführt. Ihm wurden die Herrschaft, die Ehre und das Königtum gegeben. Alle Völker, Nationen und Sprachen müssen ihm dienen. Seine Herrschaft ist eine endgültige, unvergängliche Herrschaft. Sein Königtum geht niemals unter. (Dan 7,2–14)

Man merkt sofort: Der Text ist chiffriert, damit Unbefugte nicht erkennen können, wovon er handelt. Könnten sie es erkennen, würde das dem Verfasser gefährlich werden. Der Text ist in Israel in einer Zeit großer Bedrängnis niedergeschrieben worden – für gläubige Leser, die diese chiffrierte Sprache verstanden. Der Text muss deshalb dechiffriert werden.

Daniel ist Deckname für einen Theologen und Propheten, dessen Namen wir nicht mehr kennen. Er lebte im 2. Jahrhundert vor Christus unter Antiochus III. und dann unter Antiochus IV., dem berüchtigten syrischen Herrscher. Wir wissen, dass Antiochus IV. vorhatte, Israel zu hellenisieren, auch auf Betreiben von jüdischen Kreisen, die aufgeklärt-liberal waren. Wir erinnern uns an den Kampf der Makkabäer gegen die Verheidnischung Israels. Antiochus IV. regierte von 175–164. Er plünderte den Jerusalemer Tempel und betrat das Allerheiligste – für gesetzestreue Juden ein Sakrileg. Er richtete im Tempelbereich einen Kult für den Zeus Olympios ein. Den Juden wurde ihr eigener Kult verboten, auch den Sabbat durften sie nicht mehr feiern. Das alles ist der unmittelbare historische Hintergrund des Buches Daniel und seiner endzeitlichen Hoffnung.

Weil es eine Zeit der Glaubensnot und der Verfolgung ist, sagt der Text: Es ist Nacht. Die vier Winde sind die vier Himmelsrichtungen. Sie sind ein Bild dafür, dass es in diesem Text um die ganze Welt geht. Es geht nicht mehr nur um Israel. Es geht um Weltgeschichte, um Universalgeschichte.

Das große Meer, von dem die nächtlichen Visionen sprechen, ist kein geographisch festlegbares Gewässer. Es ist der Weltozean, das Urmeer. Damit ist es Bild für das Chaos; für den antiken Menschen war das Meer chaotisch und gefährlich.

Die vier Tiere kommen somit aus dem Chaos, und sie stellen selbst das gesellschaftliche Chaos dar. Eigentlich dürfte man nicht von Tieren reden, sondern nur von Bestien. Denn das ist gemeint. Die vier Bestien stehen für vier große Weltreiche, wir könnten auch sagen: für vier Gesellschaften, die sich ablösen und die immer bestialischer und böser werden. Der Staat wird hier zum ersten Mal in der Geschichte der Menschheit als ein bestialisches Ungeheuer, als ein wüstes Tier gedeutet und beschrieben. Aber nun zu den vier Tieren im Einzelnen:

Der Löwe ist für den Verfasser des Buches Daniel die Großmacht Babylon. Babylon war unwiderstehlich wie ein Löwe. Israel hatte sich gegen diese Großmacht nicht wehren können. Durch Babylon wurde Jerusalem erobert, und die Elite des Volkes deportiert.

Der Bär, die zweite Bestie, ist das Großreich der Meder, das innerhalb der Darstellung des Danielbuches dem Reich der Babylonier folgt. Dass der Bär drei Rippen frisst, will sagen: die Meder unterwarfen sich drei Reiche.

Der Leopard, die dritte Bestie, ist das Großreich der Perser. Wir wissen aus dem Geschichtsunterricht, dass die

Perser eine solche Macht entwickelten, dass sie sogar Griechenland teilweise überrollten. Für die Durchschlagskraft und die Geschwindigkeit der persischen Heere stehen die vier Flügel.

Dann sieht der Prophet die vierte Bestie: Hier entgleisen ihm fast die Bilder – so schrecklich ist dieses vierte Tier. Es ist diejenige Weltmacht, die für den Glauben Israels am gefährlichsten wurde: das hellenistische Reich der Syrer, der Seleukiden, ein Nachfolgestaat des Alexanderreiches. Die zehn Hörner sind zehn hellenistische Herrscher, das letzte, das „kleine" Horn ist Antiochus IV. Dieses „kleine" Horn wird dann in Daniel 8,9–10 bis zum Himmel emporwachsen und einen Teil der Sterne vom Firmament fegen.

Als die Anmaßung des letzten Horns seinen Höhepunkt erreicht hat, erscheint ein Hochbetagter: Es ist Gott selbst. Gemeint ist aber nicht, dass Gott ein alter Mann sei, sondern dass er der Ewige ist. Er allein ist der Herr der Geschichte, nicht die bestialischen Weltreiche. Dass er Herr der Geschichte ist, zeigt sich in Folgendem:

Ein himmlisches Gericht tritt zusammen, um über sämtliche Weltreiche und vor allem über die vierte Bestie zu Gericht zu sitzen. Vor diesem Weltgericht erscheint nun ein fünftes Reich, eine fünfte Gesellschaft. Ihre Chiffre lautet: „Menschensohn" – das ist dasselbe wie „Mensch". Diese fünfte Gesellschaft wird sehr sorgfältig von den vorangegangenen Reichen abgehoben. Sie ist nicht mehr brutal, nicht mehr bestialisch, sondern endlich eine *menschliche* Gesellschaft. Deshalb wird sie nicht durch Tiere, sondern durch einen Menschen symbolisiert.

Man muss sehen, wie scharf der Text an dieser Stelle unterscheidet: Die fünfte Gesellschaft kommt nicht aus dem

Chaos-Meer, sondern vom Himmel. Sie kommt „mit den Wolken des Himmels“. Die neue, endzeitliche Gesellschaft kommt also von oben. Sie ist menschlich nicht machbar. Sie wird der Welt von Gott her geschenkt. Sie ist das Ende aller Gewaltherrschaft.

Und doch: Obwohl diese neue Gesellschaft Gottes von oben kommt und von Menschen nicht herzustellen ist, schwebt sie nicht über der Welt. Sie ist trotz ihrer himmlischen Herkunft ganz irdisch und ganz weltlich. Sie ist das wahre, endzeitliche Israel. Denn in der sich anschließenden Deutung der Vision wird sie mit dem „Volk der Heiligen des Höchsten“ identifiziert. Ein Deute-Engel sagt zu Daniel:

> *Diese großen Tiere, vier an der Zahl, bedeuten vier Könige [= vier Königreiche], die sich auf der Erde erheben werden. Das Königtum aber werden die Heiligen des Höchsten erhalten, und sie werden es behalten für immer und ewig. (...) Das Königtum und die Macht und die Herrlichkeit aller Reiche unter dem ganzen Himmel werden dem Volk der Heiligen des Höchsten gegeben. Sein Königtum ist ein ewiges Königtum, und alle Mächte werden ihm dienen und gehorchen.*
> *(Dan 7,17–18.27)*

Es führt also exegetisch kein Weg daran vorbei: Das „Volk der Heiligen des Höchsten“ ist das ersehnte endzeitliche Israel, das sich abhebt von allen vorangehenden Gewaltherrschaften und in keiner Weise dem entspricht, was sich hellenisierungswillige Kreise in Jerusalem so sehr wünschten. Der Menschensohn ist somit eine Figuration der wahren Basileia, der Königsherrschaft Gottes, zugleich aber auch Figuration des wahren, allein dem Gott der Väter dienenden Israel. Beides ist nicht voneinander zu trennen.

Daniel 7 ist eine unglaubliche Geschichtsdeutung. Etwas Vergleichbares hatte es bis dahin in der Welt nicht gegeben. Diese Geschichtsdeutung will sagen: Ein Weltreich löst das andere ab. Die Möglichkeiten der aufeinanderfolgenden Weltreiche werden immer furchtbarer. Das Potential an Gewalt in der Welt wächst. Doch all diese Reiche werden gerichtet, die Herrschaft wird ihnen genommen, teilweise werden sie in Blut und Feuer untergehen. Etwas Neues „kommt" und tritt an ihre Stelle: ein Reich, eine Herrschaft, ein Königtum, das ganz von Gott kommt.

Dieses Geschichtsbild aus Daniel 7 lag Jesus vor, es war ihm aus der Schrift bekannt, es war ihm mit seiner ganzen Wucht und Tiefe geläufig. Wenn er vom „Kommen" des Reiches Gottes spricht, hat er diese Geschichtsdeutung übernommen. Aber: Er hat sie zugleich modifiziert. Was wird bei Jesus anders?

Zunächst einmal das Zeitschema. Bei Daniel kommen die fünf verschiedenen Gesellschaften hintereinander: Zuerst Babylon, dann die Meder, dann die Perser, dann die Syrer – und erst, wenn die Herrschaft sämtlicher Weltreiche abgelaufen ist, kommt das wahre Königtum. Erst dann beginnt die Herrschaft des Menschensohnes, also die neue Gesellschaft Gottes, die ganz anders ist als alle bisherigen Gesellschaften. Für Jesus hingegen beginnt das Königtum Gottes schon jetzt, mitten in dieser Geschichte, mitten in der noch fortdauernden Macht der Weltreiche. Jesus hat ja gesagt:

Wenn ich mit dem Finger Gottes die Dämonen austreibe, dann ist ja das Reich Gottes schon zu euch gekommen. (Lk 11,20)

Aber bei Jesus ändert sich gegenüber dem Schema von Daniel 7 noch mehr: Die neue Gesellschaft des Gottesreiches beginnt nicht nur inmitten der noch bestehenden Weltreiche; sie beginnt nun unlösbar geknüpft an einen Einzelnen. Jesus redet von sich selbst als dem Menschensohn. „Menschensohn" ist nun also nicht mehr nur Chiffre für die neue Gesellschaft Gottes, sondern zugleich geheimnisvoller Name für Jesus selbst. Er selbst ist der Menschensohn. Er selbst ist die Basileia.

Allerdings: Jesus lässt seine Jünger im Vaterunser nicht darum beten, alle Welt möge erkennen, dass er der Menschensohn oder der Sohn Gottes ist. Er lässt vielmehr um das Kommen des Reiches, um das Kommen der neuen Gesellschaft Gottes beten, wie sie das Buch Daniel verheißt. Dieser Unterschied will beachtet sein. Wir dürfen die Person Jesu, wir dürfen sein göttliches Geheimnis niemals loslösen von dem, was er gewollt hat und wofür er sein Leben hergab: für das Kommen der Gottesherrschaft. Und diese Gottesherrschaft ist eben kein nebulöses Gebilde. Sie ist gebunden an das zu sammelnde Gottesvolk, an das endzeitliche Israel, an das „Volk der Heiligen des Höchsten".

Schließlich noch eine dritte Modifikation: Dem Menschensohn aus Daniel 7 „dienen alle Völker, Nationen und Sprachen". So hieß es ja am Ende der Vision. Jesus selbst aber hat von sich gesagt:

> *Der Menschensohn ist nicht gekommen, sich dienen zu lassen, sondern zu dienen und sein Leben hinzugeben als Lösegeld für viele. (Mk 10,45)*

Auch hierin wird in Jesus der Entwurf von Daniel 7 noch einmal überschritten. Die Herrschaft Jesu basiert auf seinem Dienen, auf seiner Hingabe bis in den Tod.

Trotz der drei genannten Modifikationen – das Reich Gottes kommt schon heute, es ist unlösbar verknüpft mit der Person Jesu, es kommt, um der Welt zu dienen – ist Daniel 7 die für uns maßgebende Deutung der Weltgeschichte. Es bleibt dabei: Alle Gewaltherrschaft wird immer wieder untergehen, wird oft furchtbar und blutig untergehen. Selbst das legitime, unabdingbare Gewaltmonopol in gerechten und freiheitlichen Staaten ist noch nicht das letzte Wort der Geschichte. Inmitten all dieser Gewaltstrukturen, inmitten ungerechter und gerechter Gewalt, wächst schon heute die Gottesherrschaft heran. Sie hat ihren Ort im Gottesvolk, in der Kirche, in der neuen Gesellschaft Gottes.

Welch eine Verheißung und welch ein Anspruch an uns! Denn wir dürfen ja schon in diesem neuen Anfang leben. Gott hat ihn der Welt bereits eingestiftet. Die neue Gesellschaft Gottes wird uns – in der Bildsprache Daniels – „von oben" geschenkt. Wir können das Neue nicht selbst machen. Wir brauchen es nur anzunehmen. Und wir dürfen immer wieder die Menschlichkeit dieses Neuen erfahren. Nicht mehr die Bestien sind das Maß der Geschichte, sondern der Menschensohn ist es – für immer, für alle Zeit.

Wenn das Vaterunser um das Kommen des Reiches betet, steht also im Hintergrund Daniel 7, steht im Hintergrund die gewaltige Geschichtsvision vom Kommen einer neuen Gesellschaft, die stärker ist als alle Weltreiche, als alle Macht und Gewalt der Welt. Wenn wir um das Kommen des Reiches bitten, erbitten wir eine stille Revolution, welche die Welt verändert. Und zwar nicht irgendwann, sondern jetzt.

Es wäre so wichtig, dass wir das Reich, von dem Jesus spricht und das wir als seine Jünger erbitten sollen, nicht erst im Jenseits erwarten und auch nicht nur in der Tiefe unserer Seele suchen. Dann hätten wir die Reich-Gottes-Botschaft Jesu entstellt. Das Reich Gottes will hier und heute beginnen. Das hat Jesus verkündet. Und das Reich Gottes hat Gesellschaftsgestalt. Es ist keine unsichtbare Größe. Eben das können wir aus Daniel 7 lernen. Weil es Gesellschaftsgestalt hat, ist sein Ort die Kirche. Wir haben nicht in erster Linie die Gesellschaft zu verbessern, sondern die Kirche als die neue Gesellschaft Gottes zu leben. Dann dienen wir auch der profanen Gesellschaft am besten.

Mit all dem bekommt die Wachsamkeit, zu der wir im Neuen Testament immer wieder aufgefordert werden (vgl. etwa Mk 13,33–37), noch einmal eine entscheidende Ausweitung. Wir werden dem Evangelium noch nicht wirklich gerecht, wenn wir diese Wachsamkeit auf das Kommen des Menschensohnes am Ende der Welt einengen. Wachsam müssen wir auch und vor allem sein auf das Kommen der Gottesherrschaft hin, die sich schon jetzt mitten unter uns ereignen will.

Deshalb sollten wir uns immer wieder fragen: Wo geschehen denn heute die Zeichen des Gottesreiches? Wo werden in unseren Tagen Menschen frei von ihren Dämonen? Wo geschieht in unseren Städten Umkehr auf das Evangelium hin? Wo wird heute das Volk Gottes „aus allen vier Windrichtungen" (Mk 13,27) gesammelt? Wo macht sich die Kirche, wo machen sich Gemeinden frei von der Verquickung mit dem Staat und gehen ihren eigenen Weg, den Weg neuer Gesellschaft? Denn das war doch gerade die Verheißung von Daniel 7: eine Gesellschaft ganz anderer Art, mit einem anderen Ursprung. Eine Gesellschaft, die ihre Hoffnung nicht auf den Staat und seine Macht setzt, sondern auf das, was Gott neu inmitten der Völker schaffen will.

Man darf sogar all diese Fragen zu einer einzigen Frage zusammenfassen: Wo nimmt heute die Kirche Gestalt an – so, dass sie sich messen lässt am Maß des Neuen Testamentes? Noch genauer: Wo nimmt sie die Gestalt an, die ihr seit Ostern und Pfingsten eingestiftet ist? In diese Richtung sollte unsere ganze Wachsamkeit zielen. Nur wenn wir eine erneuerte Kirche ersehnen und unablässig nach ihr ausspähen, erwarten wir den Menschensohn und sein Reich in biblisch-sachgerechter Weise.

Wenn wir im Vaterunser um das Kommen des Reiches beten, beten wir um das Weltende – nämlich um das Ende unserer alten Welt mit all den Mächten, denen wir bisher gedient haben, und um den Anfang der neuen Welt, die Gott uns schon heute anbietet. „Dein Reich komme" meint deshalb einen radikalen Herrschaftswechsel. Auch insofern ist das Vaterunser ein gefährliches Gebet.

6.
Die Verwirklichung des Planes Gottes

„Dein Wille geschehe." Diese dritte Vaterunserbitte fehlt bei Lukas. Sie steht nur bei Matthäus. Deshalb hat sich weithin die Meinung durchgesetzt, diese Bitte sei nicht ursprünglich. Sie sei erst von Matthäus oder von der Überlieferung vor Matthäus hinzugefügt worden, um den ersten Teil des Vaterunsers abzurunden.

Nun hat dieses Argument in der Tat manches für sich. Auch das schlichte „Vater", mit dem das Herrengebet eröffnet wird, erscheint ja bei Matthäus in der erweiterten Form „Unser Vater in den Himmeln". Bei Lukas steht nur „Vater". Ähnlich könnte dann auch die letzte Bitte des Herrengebets abgerundet worden sein durch „sondern erlöse uns von dem Bösen". Auch diese Bitte fehlt bei Lukas.

Was könnte der Grund sein für derartige Erweiterungen? Liegt er darin, dass liturgische Texte eher wachsen, als dass sie verkürzt werden? Die Schlussdoxologie „Denn dein ist das Reich und die Kraft und die Herrlichkeit ..." ist dem Herrengebet mit Sicherheit hinzugewachsen. Dasselbe ist dann möglicherweise bei all den Textteilen des Vaterunsers der Fall, die bei Matthäus über Lukas hinausgehen. So gesehen, könnte also die dritte Bitte sekundär sein.

Ganz sicher ist das allerdings nicht. Sowohl Matthäus wie Lukas haben ihre Markus-Vorlage an vielen Stellen gekürzt. In der Antike gehörte es sogar zu den normalen Übungsaufgaben eines Rhetorik-Schülers, vorgegebene Texte wirkungsvoll zu verkürzen. Dass Texte immer nur länger werden, darf kein exegetisches Dogma sein.

Letztlich ist die Frage, ob die dritte Vaterunserbitte von Anfang an zum Vaterunser gehörte, aber unwichtig. Wir legen das Herrengebet so aus, wie es uns bei Matthäus beziehungsweise bei Lukas vorliegt. Und der Sache nach passt die dritte Bitte ausgezeichnet zu den beiden ersten. Sie bildet mit ihnen eine innere Einheit.

Im Übrigen müssen wir auch immer mit der Möglichkeit rechnen, dass Texte, die nicht unmittelbar und wörtlich auf Jesus zurückgehen, das, was er gewollt hat, aufs genaueste ausdrücken. Es ist sogar denkbar, dass ein sogenanntes „unechtes" Jesuswort Jesus näher ist als ein „echtes". Nämlich dann, wenn es das, was Jesus war und wollte, bis in die Tiefe hinein *deutet.* Jede geschichtliche Wahrheit ist *gedeutete* Wirklichkeit. Der krampfhafte Versuch, „echte" Jesusworte von „Gemeindebildungen" abzuheben, der die neutestamentliche Exegese des 19. und 20. Jahrhunderts allzusehr beschäftigt hat, war ein Irrweg. Denn die einzig kompetente Deutegemeinschaft der Person Jesu ist die Kirche.

Die entscheidende Frage ist also nicht: Hat Jesus, als er seine Jünger das Vaterunser lehrte, auch noch eine dritte Du-Bitte formuliert? Oder hatte der erste Teil des Vaterunsers nur zwei Bitten? Die Frage muss vielmehr lauten: Was meint diese dritte Bitte? Wie fügt sie sich ein in die Theologie des Neuen Testamentes? Was soll gesagt sein mit „dein Wille geschehe"?

Auf den ersten Blick scheint das völlig klar zu sein. Was mit dem Willen Gottes gemeint ist, glaubt instinktiv jeder zu wissen. Die Rede vom Willen Gottes ist der christlichen Sprache seit Jahrhunderten geläufig. Vom Willen Gottes spricht das Alte Testament, spricht das Judentum, spricht die gesamte christliche Tradition. Diese Wendung ist so allgegenwärtig, dass sie sich dem Blick schon fast wieder entzieht. Eben weil sie so selbstverständlich ist, saugt sie fast unmerklich den Denk- und Vorstellungshorizont der jeweiligen Epoche in sich auf.

Sehen wir deshalb genauer zu. Im Alten Testament, im Judentum und auch bei Matthäus gibt es die Formel: „den Willen Gottes tun". So zum Beispiel am Ende der Bergpredigt in Matthäus 7,21:

> *Nicht jeder, der zu mir sagt: Herr! Herr! wird in das Himmelreich hineingehen, sondern wer den Willen meines Vaters tut, der im Himmel ist.*

Hier ist mit dem Willen Gottes, den der Mensch tun soll, ganz eindeutig die Erfüllung der Gebote gemeint. Im selben Sinn begegnet die Formel in den Psalmen 40,9; 103,21 und 143,10. Es geht jedesmal um den gebietenden Willen Gottes, um seinen Befehl, sein Gebot oder die Summe seiner Gebote.

Es lag natürlich nahe, auch die dritte Vaterunserbitte in diesem Sinn auszulegen. Vor allem wegen des Zusatzes „wie im Himmel so auf Erden". Dann bekam die Bitte die Bedeutung: Wie im Himmel der Wille Gottes aufs genaueste getan wird – nämlich durch die Engel –, so soll auch auf Erden durch die Menschen der Wille Gottes getan werden. Bei dieser Auslegung spielte Psalm 103,19–21 eine entscheidende Rolle. Dort heißt es:

Der Herr hat seinen Thron im Himmel errichtet, seine Königsherrschaft (basileia) regiert das All.

Lobt den Herrn, ihr seine Engel, ihr starken Helden, die sein Wort vollstrecken, die ihm gehorchen aufs Wort!

Lobt den Herrn, all seine Heere, ihr Diener, die seinen Willen tun!

In diesem Abschnitt von Psalm 103 scheint sogar die Abfolge der zweiten und der dritten Vaterunserbitte vorgegeben zu sein: Zuerst ist von der Königsherrschaft Gottes die Rede, dann von der Erfüllung des göttlichen Willens. Offenbar war das alles so einleuchtend, dass die dritte Vaterunserbitte jahrhundertelang stets im Sinne von Psalm 103 erklärt wurde. So zum Beispiel von dem großen Theologen Johannes Chrysostomus in seiner Auslegung des Vaterunsers:

Wir sollen uns bemühen, auch hier auf Erden schon das gleiche Leben zu führen wie die Himmelsbewohner. Wir sollen, sagt er [Jesus], uns nach dem Himmel sehnen und nach dem, was im Himmel ist; wir sollen aber auch schon vorher, bevor wir in den Himmel kommen, die Erde zum Himmel machen und hier so leben, als befänden wir uns schon drüben, sollen alles so tun und so reden und auch in dieser Absicht zum Herrn beten. Das Leben auf dieser Erde ist nämlich durchaus kein Hindernis, die Vollkommenheit der himmlischen Mächte zu erreichen; vielmehr kann man auch in dieser Welt schon in allem so leben, als wäre man bereits im Himmel.

Was also der Herr sagen will, ist dies: So wie dort alles ohne Hindernis geschieht, und die Engel nicht dem einen Befehl gehorchen, dem anderen hingegen sich widersetzen, vielmehr in allem willig und gehorsam sind, denn es heißt ja: „Sie sind mächtig in ihrer Kraft und gehorchen seinem Wort" [Ps 103,20] – so gib, dass auch wir Menschen deinen Willen nicht halb tun, sondern alles beobachten, so wie du es willst. (19. Homilie zum Matthäusevangelium)

Wunderbar schlicht und liebenswürdig sagt dasselbe dann viele Jahrhunderte später Matthias Claudius:

Hiebei stell' ich mir den Himmel mit den heiligen Engeln vor, die mit Freuden seinen Willen tun, und keine Qual rühret sie an, und sie wissen sich vor Liebe und Seligkeit nicht zu retten und frohlocken Tag und Nacht; und denn denk' ich: wenn es doch also auch auf Erden wäre!

Ist also hinsichtlich der dritten Vaterunserbitte alles klar? Nein, die Sache ist überhaupt nicht klar. Denn legt man in diesem Sinne aus, passt die dritte Bitte kaum noch zu den beiden ersten. Wir hatten ja gesehen, dass bei der ersten Bitte Ezechiel 36 im Hintergrund steht. Dort aber ist es gerade Gott, der die Initiative ergreift und seinen Namen heiligt. Das Einschwingen Israels in die Heiligung des Namens ist zwar das Ziel. Aber der eigentlich Handelnde ist Gott.

Dasselbe gilt für die zweite Bitte: Der die Gottesherrschaft herbeiführt und das Reich schenkt, ist Gott und nicht der Mensch. Das ist in Daniel 7 ganz eindeutig. Deshalb ist auch in der zweiten Vaterunserbitte Gott derjenige, der die Initiative ergreift. Der Mensch soll die Basileia annehmen, er soll in sie eintreten, er soll an ihr mitarbeiten, aber er kann sie nicht herbeiführen. Gott ist auch hier der eigentlich Handelnde.

Sollte dann in der dritten Bitte, die doch mit den beiden ersten eine innere Einheit bildet, gegen den Richtungssinn der beiden ersten Bitten plötzlich der Mensch der allein Handelnde sein – als der Täter des Willens Gottes? Das ist schwer einzusehen. Wir müssen uns deshalb umsehen, ob der Wille Gottes wirklich nur der *gebietende* Wille Gottes, also der „Befehl", das „Gebot", das „Gesetz" sein kann.

Bleiben wir dazu zunächst im Matthäusevangelium. Denn gerade dort ist „Wille Gottes" im Sinn von „Gebot" ja durchaus bezeugt. Die Frage ist aber: Meint der Wille Gottes bei Matthäus überall das Gebot, das Gesetz? Beginnen wir mit der bekannten Szene Matthäus 12,46–50:

> *Als Jesus noch mit der Menge redete, siehe, da standen seine Mutter und seine Brüder vor dem Haus und versuchten mit ihm zu reden. Jemand sagte zu ihm: „Siehe, deine Mutter und deine Brüder stehen draußen und versuchen mit dir zu reden." Er aber erwiderte dem, der ihm das gesagt hatte: „Wer ist meine Mutter, und wer sind meine Brüder?" Und er streckte die Hand über seine Jünger aus und sagte: „Das hier ist meine Mutter und das hier sind meine Brüder! Denn wer den W i l l e n meines himmlischen Vaters t u t, der ist mein Bruder und meine Schwester und meine Mutter."*

„Das hier ist meine Mutter und das hier sind meine Brüder!" Mit diesem Wort konstituiert Jesus in geradezu juristischer Form „neue Familie". Diese neue Familie ist dort, wo der Wille seines himmlischen Vaters getan wird. Aber was ist in dieser Situation der Wille des Vaters? Ganz sicher nicht die Tora-Erfüllung. Jesus spricht seinen Verwandten ja wohl nicht ab, dass sie die Tora befolgen. Darum geht es in dieser Situation überhaupt nicht.

Wie die Markusparallele zeigt, wollten die Verwandten Jesu ihn nach Hause zurückholen und in häuslichen Gewahrsam nehmen. Markus sagt sogar: „mit Gewalt" (Mk 3,21). Seine Verwandten begreifen also nicht, dass Jesus jetzt in Israel auftreten muss, dass er die Gottesherrschaft verkünden muss, dass er Israel sammeln muss.

Genau dies ist für Jesus der Wille des Vaters. Es ist etwas, das weit über alle Tora-Erfüllung hinausreicht. Das Tun dieses Willens ist das Einssein mit dem Heilsratschluss, mit dem Geschichtsplan Gottes. Entsprechend wird es dann im Johannesevangelium heißen:

> *Meine Speise ist es, dass ich den Willen dessen tue, der mich gesandt hat und sein Werk vollende. (Joh 4,34)*

Es geht also um das „Werk Gottes", um das, was Gott mit Jesus anfangen will, um das, wozu er ihn braucht. Entsprechend geht es bei Matthäus um den „Willen", das Vorhaben, den Plan Gottes. Diejenigen, die mit Jesus in diesen Plan Gottes einschwingen, werden zu seinen Brüdern, seinen Schwestern, sogar zu seiner Mutter: Sie werden zur neuen Familie Gottes.

Der „Wille Gottes" meint also in der Szene Matthäus 12,46–50 mehr als die Gebote. Er meint viel umfassender das, was Gott mit der Welt vorhat, das, was er jetzt mitten in Israel durch Jesus tut. Ähnlich ist es in der Getsemani-Szene Matthäus 26,36–46: Dort sagt Jesus im Gebet:

> *Mein Vater, wenn dieser Kelch nicht an mir vorübergehen kann, ohne dass ich ihn trinke, dann geschehe dein Wille. (Mt 26,42)*

Das ist wörtlich die dritte Vaterunserbitte. Wieder handelt es sich um mehr als um bloße Tora-Erfüllung. In der Tora steht nichts vom Sterben in einer solchen Situation. Es geht um den Heilsplan Gottes. Dieser ist kein blindes Fatum, auch nicht das Weltgesetz der Stoa, auch nicht der Wille eines unerbittlichen Gottes. Derartige Deutungen würden weit an dem vorbeigehen, was hier mit dem Willen des

Vaters gemeint ist. Es ist der göttliche Geschichtsplan, der die Welt befreien soll, dem die Welt aber widerstrebt, weil sie nicht Gott will, sondern sich selbst.

Dieser Widerstand gegen Gott wird Jesus den Tod bringen. Gott aber macht aus dem Tod Jesu die rettende Besiegelung alles dessen, was dieser verkündet hatte. Der Wille Gottes ist also sein Heilswille, der trotz menschlicher Schuld Erlösung schafft. Deshalb ist „den Willen des Vaters geschehen lassen" hier mehr als Gebotserfüllung. Es ist Hineingehen in den Heilsratschluss Gottes.

Dieser tiefere, weitere und geschichtsbestimmte Sinn von „Wille Gottes" begegnet auch sonst im Neuen Testament: Nehmen wir als weiteres Beispiel Epheser 1.

> *Gepriesen sei der Gott und Vater unseres Herrn Jesus Christus: Er hat uns mit allem Segen seines Geistes gesegnet durch unsere Gemeinschaft mit Christus im Himmel.*
>
> *Denn in ihm hat er uns erwählt vor der Grundlegung der Welt, damit wir heilig und untadelig seien vor ihm. Er hat uns aus Liebe im Voraus dazu bestimmt, seine Söhne zu werden durch Jesus Christus, nach dem Wohlgefallen seines Willens, zum Lob seiner herrlichen Gnade.*
>
> *Er hat sie uns geschenkt in seinem geliebten Sohn. Durch dessen Blut haben wir die Erlösung, den Erlass der Übertretungen nach dem Reichtum seiner Gnade. Sie hat er überströmend über uns ausgegossen mit aller Weisheit und Einsicht, da er uns das Geheimnis seines Willens kundgetan hat gemäß seinem Wohlgefallen: Er hat von Anfang an in ihm beschlossen, die Fülle der Zeiten heraufzuführen und das All in Christus unter ein Haupt zu vereinen, alles was im Himmel und auf Erden ist.*

Durch ihn sind wir auch als Erben vorherbestimmt und eingesetzt nach dem Plan dessen, der alles verwirklicht gemäß dem Entscheid seines Willens. (Eph 1,3–11)

Diese feierliche Eröffnung des Epheserbriefs ist ein einziger Lobpreis des Geschichtsplans Gottes. Gott hat ihn schon von Ewigkeit her gefasst. Er kommt aus der Liebe Gottes heraus. Ziel des göttlichen Planes ist es, die Fülle der Zeit herbeizuführen. Wenn dieses Ziel der Schöpfung erreicht ist, wird alles in Christus als dem Haupt zusammengefasst sein. Christus selbst und die durch ihn gesammelte Kirche ist die konkrete Gestalt dieses Planes. In Christus ist die Durchführung, die *oikonomia* des Planes Gottes bereits erfüllt, in der Welt hingegen noch nicht. Für die Welt ist die Kirche das Werkzeug, durch das Gott die gesamte Schöpfung in seinen Segen hereinholt.

Wir haben also in diesem großen Text des Epheserbriefs, der fast wie eine in der Liturgie gesprochene Präfation den Brief eröffnet, nichts anderes als eine Umschreibung dessen, was das „Geheimnis des Willens Gottes" ist. Dabei begegnet der Begriff „Wille" inmitten eines ganzen Spektrums von fast gleichbedeutenden Wörtern: „Entscheid", „Wohlgefallen", „Wille", „Plan".

Wichtig für unseren Zusammenhang ist nun: Der als Heilsplan auf die Welt gerichtete göttliche Wille ist bereits von Ewigkeit her vor-gegeben, und zwar im Himmel. Und dieser im Himmel vor-gegebene und somit präexistente Heilsplan wird von Gott jetzt auf Erden durch Christus verwirklicht.

Damit bekommt das „wie im Himmel so auf Erden" eine überraschend neue und viel einleuchtendere Bedeutung. „Dein Wille geschehe – wie im Himmel so auf Erden" bedeutet dann: „Den Heilsplan, den du im Himmel schon von Ewigkeit her gefasst hast, verwirkliche jetzt auch auf Erden!"

Allerdings sagt die dritte Vaterunserbitte nicht: „Verwirkliche deinen Heilsplan", sondern: „Dein Heilsplan, dein Wille, geschehe". Wir wissen inzwischen, warum das Vaterunser so indirekt formuliert: Das Subjekt bleibt offen, damit auch der Mensch Subjekt werden kann. Anders formuliert: Gott wird als der Verwirklicher seines Planes nicht genannt, damit der Mensch als Mitverwirklicher eingeschlossen ist. Noch einmal anders formuliert: Gott verwirklicht auf Erden seinen Heilsplan. Aber der Mensch soll sich ihm öffnen, er soll ihn sich zu eigen machen. Deshalb die indirekte Formulierung: Dein Wille, dein Heilsplan geschehe.

Wir bitten also in der dritten Vaterunserbitte darum, dass der Plan Gottes, den er im Himmel gefasst hat, auf Erden genauso geschehe, wie Gott ihn schon von Ewigkeit her vor Augen hat. Und der Inhalt dieses Planes ist nichts anderes als das, was schon in den beiden ersten Bitten gesagt wurde: Dass die Gottesherrschaft anbricht, dass das Gottesvolk gesammelt und geheiligt wird, damit alle Völker Gott die Ehre geben.

Gibt es auch für die dritte Vaterunserbitte einen alttestamentlichen Schrifthintergrund? Wir waren ja bezüglich der ersten Bitte auf die Theologie des Ezechielbuches gestoßen und bezüglich der zweiten Bitte auf die Theologie des Danielbuches. Liegt auch bei der dritten Bitte die Theologie eines der großen Prophetenbücher des Alten Testaments zugrunde? Das ist tatsächlich der Fall.

Dass Gott *jetzt* seinen Plan, seinen Heilsratschluss, seinen Willen in der Welt verwirklicht, ist innerste Mitte des zweiten Teils des Jesajabuches. Von allen Propheten redet allein Jesaja von der Verwirklichung des Willens Gottes beziehungsweise von der Verwirklichung des Planes Gottes. Bei ihm heißt es:

> *Ich sage: Mein Ratschluss steht fest. Alles, was ich will, werde ich verwirklichen. Ich rufe aus dem Osten einen Adler, aus fernem Land den Mann meines Ratschlusses. Was ich sage, das führe ich herbei. Ich entwerfe, und ich führe es aus.*
> *(Jes 46,10–11)*

Der Adler ist Kyros, der die verschleppten Israeliten aus Babylon zurückführt. Es handelt sich hier also um ausgesprochene Naherwartung – und zwar um Naherwartung im Blick auf das Handeln Gottes in der Geschichte. Der „Wille", von dem hier gesprochen wird, ist der Ratschluss Gottes, das, was Gott zunächst „entworfen" hat und was er dann „ausführt". Am Ende dieses zweiten Teils des Jesajabuches wird es dann heißen:

> *Wie Regen und Schnee vom Himmel fallen und nicht dorthin zurückkehren, sondern die Erde tränken und sie zum Keimen und Sprossen bringen, dass sie dem Sämann Samen gibt und Brot zum Essen, so ist es auch mit dem Wort, das meinen Mund verlässt: Es kehrt nicht leer zu mir zurück, sondern verwirklicht das, was ich will, und führt aus, wozu ich es gesandt habe.*
> *(Jes 55,10–11)*

Das Wort Gottes, hinter dem sein Wille, sein Heilsplan steht, wird hier also mit Regen und Schnee verglichen, die *vom Himmel auf die Erde* fallen. Der Plan Gottes wird sein Ziel erreichen. Niemand kann den Willen Gottes zunichte machen.

Wenn diese Beobachtungen richtig sind, dann stehen bei den drei ersten Vaterunserbitten drei der großen Propheten Israels im Hintergrund: Ezechiel, Daniel und Jesaja. Sollte das ein Zufall sein? Oder sind wir hier einem der Geheimnisse Jesu auf der Spur? Jesus lebte ganz aus der Schrift, obwohl er kein Schriftgelehrter war. Er hat die Schrift in ihrer Tiefe verstanden und beim Wort genommen.

Wird die dritte Vaterunserbitte überall in der Kirche in dem aufgezeigten Sinn verstanden? Ach, wohl kaum! Wenn wir in unseren Gebetbüchern nachschlagen oder auch in vielen frommen Erklärungen des Vaterunsers, werden wir finden, dass die dritte Bitte oft auf reine *Gebotserfüllung* hin ausgelegt wird. Oder aber, und das sogar noch häufiger, auf die *christliche Ergebung* in das, was dem Einzelnen widerfährt. So legen es uns viele Gebetstexte ins Herz, und dazu neigen wir auch fast instinktiv.

Da ist zum Beispiel ein gläubiger Christ schwer erkrankt. Der Arzt kann ihm nicht helfen. Der Betroffene ahnt: Das bleibt mir. Oder sogar: Das ist die Krankheit zum Tode. Zuerst hat er sich aufgebäumt. Dann ergibt er sich. Und er findet einen tiefen Trost darin: Es ist kein blindes Schicksal. Es ist der Wille Gottes.

Man gehe ruhig die Gebete und Lieder in unseren Gesangbüchern der Reihe nach durch: Die Konnotationen zum „Willen Gottes" sind in den allermeisten Fällen Krankheit, Not, Elend, Unglück, Tod. Von einem in den Gemeinden gern gesungenen Lied, es stammt aus dem 17. Jahrhundet, lautet die erste und die letzte Strophe:

Was Gott tut, das ist wohlgetan,
es bleibt gerecht sein Wille;
wie er fängt seine Sachen an,

will ich ihm halten stille.
Er ist mein Gott, der in der Not
mich wohl weiß zu erhalten;
drum lass ich ihn nur walten.

Was Gott tut, das ist wohlgetan;
dabei will ich verbleiben.
Es mag mich auf die rauhe Bahn
Not, Tod und Elend treiben,
so wird Gott mich ganz väterlich
in seinen Armen halten;
drum lass ich ihn nur walten.

Der „Wille Gottes" wird in diesem sehr schönen Lied, dessen Text von Samuel Rodigast stammt, ganz aus der Sicht des Einzelnen gesehen. Es geht nicht um den großen Plan Gottes für die Welt, es geht nicht um das Gottesvolk, nicht um das Kommen der Gottesherrschaft, sondern um das persönliche Geschick. Und selbst da stehen nicht die glücklichen und erfüllten Stunden des Lebens im Vordergrund, sondern fast nur die Bedrängnis und das Elend.

Selbstverständlich ist das alles irgendwie richtig. Der Geschichtsplan Gottes hat durchaus mit unserer persönlichen Geschichte zu tun und auch mit den Ängsten unseres Lebens. Aber in der Bibel ist der „Wille Gottes" vor allem sein „Wohlgefallen", das, was Gott seit jeher begehrt, was er sich schon immer wünscht, ja, was er sich ersehnt. Der Wille Gottes ist das, an dessen Realisierung Gott seine Lust und seine Freude hat.

Texte wie der zitierte, so sprachlich vollendet und so sachlich richtig sie sind, haben einfach nicht den weiten Atem der Bibel und erst recht nicht den des Vaterunsers. Der Wille Gottes als Ausdruck des großen, weltweiten göttlichen Geschichtsplans, wie ihn der Epheserbrief formuliert, tritt textlich viel zu selten in unseren Gesichtskreis. Von daher ist es unwahrscheinlich, dass unsere Gemeinden wirklich verstehen, worum sie in der dritten Vaterunserbitte beten.

Auf jeden Fall ist auch die dritte Bitte eine gefährliche Bitte – gleichgültig, ob man sie stärker im Blick auf die Welt oder auf die eigene Person betet. Sie fleht wie die beiden ersten Bitten darum, dass Gott jetzt eingreift. Dass er Herr wird, und wir ihn Herr sein lassen. Dass er sein Volk neu sammelt und heiligt, damit über sein Volk die Erde ins Heil kommt. Das ist der Plan, das ist der Wille Gottes, und wer das Vaterunser betet, tritt in diesen Willen ein. Dergleichen verändert das Leben – oder das Beten der dritten Vaterunserbitte war leeres Gerede.

*

Die drei ersten Bitten des Vaterunsers versuchen, ganz von Gott her zu denken: Dass sein Name geheiligt werde, dass sein Reich komme, dass sein Plan mit der Welt verwirklicht werde. Die folgenden Bitten hingegen formulieren ganz aus der Sicht der Jünger: Dass sie am Abend ein Obdach bekommen, dass Gott ihre Schuld vergibt, dass er sie vor dem Erliegen in der Versuchung bewahrt. Man könnte auch sagen: Der erste Teil des Herrengebets redet von der Sorge Gottes, der zweite Teil von der Sorge der Jünger.

Indem man so formuliert, wird aber sofort deutlich, wie sehr beides zusammenhängt: Die Sorge Gottes um die Welt soll ja gerade zur Sorge der Jünger werden, und die Sorge der Jünger um ihre Existenz ist längst getragen von der Sorge Gottes um seine Schöpfung. Sieht man genau hin, so sind die Bitten des zweiten Vaterunserteils gerade keine privaten Bitten. Es geht in ihnen um die Existenz in der Jüngergemeinde. Es geht in ihnen um die Probleme, die genau dann entstehen, wenn Menschen rückhaltlos für das Reich Gottes leben möchten. Das hatte sich uns gerade bei der Auslegung der Brotbitte gezeigt.

Über diese vierte Bitte, die den zweiten Teil des Vaterunsers eröffnet, haben wir schon ausführlich gesprochen. Wir können uns also jetzt sofort der Bitte um den Erlass der Schuld zuwenden.

7.
Die Vergebung der Schuld

Die fünfte Vaterunserbitte lautet bei Lukas:

Erlass uns unsere Sünden,
denn auch wir erlassen jedem,
der uns Schuldner ist. (Lk 11,4)

Bei Matthäus lautet sie:

Erlass uns unsere Schulden,
wie auch wir erlassen haben
unseren Schuldnern. (Mt 6,12)

Man sieht sofort, dass die im deutschen Sprachraum übliche Vaterunser-Fassung hier Lukas und Matthäus miteinander kombiniert hat:

Vergib uns unsere Schuld,
wie auch wir vergeben
unsern Schuldigern.

„Vergib uns unsere Schuld" lehnt sich an Matthäus an. Das Präsens in „Wie auch wir vergeben" greift hingegen auf Lukas zurück. Matthäus hat hier eine Vergangenheitsform: Die Jünger haben ihren Schuldnern bereits all ihre Sündenschulden erlassen; deshalb kann Gott nun auch ihnen die Schulden erlassen. Wir werden auf diese matthäische Relation „Vergib uns – wir selbst haben vergeben" noch zurückkommen.

Auch die fünfte Vaterunserbitte wird erst wirklich verständlich, wenn wir sie als Bitte der neuen Familie um Jesus begreifen. Denn die Vergebung bekommt gerade dort eine besondere Dringlichkeit, wo Glaubende sich um der Gottesherrschaft willen zu einem neuen Miteinander sammeln lassen. Dann fallen alle Mauern, die jeder Einzelne um sich herum aufgebaut hat. Es bleibt nicht mehr verborgen, wer er ist. Es wird unverhüllt sichtbar, dass jeder dem anderen unendlich viel schuldig bleibt. Anders ist die erschrockene Frage des Petrus in Matthäus 18,21–22 nicht zu verstehen:

> *Da trat Petrus [zu Jesus] herzu und fragte ihn: „Herr, wie oft muss ich meinem Bruder vergeben, wenn er sich gegen mich versündigt? Bis zu siebenmal?" Da antwortete ihm Jesus: „Nicht bis zu siebenmal, sage ich dir, sondern bis zu siebenundsiebzigmal." (Mt 18,21–22)*

„Bis zu siebenundsiebzigmal" ist natürlich orientalische Redeform (vgl. Gen 4,24). Gemeint ist: Immer, ohne jede Einschränkung. Dass es bei dem „Bruder" wirklich um den Bruder in der Jüngergemeinde geht, zeigt der Textzusammenhang: Das 18. Kapitel des Matthäusevangeliums ist eine sorgfältige Komposition, die vom Anfang bis zum Ende vom Leben in der Gemeinde handelt. Das Kapitel beginnt mit einem Rangstreit der Jünger, warnt dann vor der Verführung von Jüngern und spricht anschließend von der Hirtensorge für die Verlorenen und der Verantwortung für den Bruder in der Gemeinde. Hierauf folgt die Frage des Petrus, wie oft er seinem Bruder verzeihen müsse. Und das Kapitel endet mit dem Gleichnis vom unbarmherzigen Gläubiger, der zum abschreckenden Musterfall für den wird, der innerhalb der Gemeinde nicht verzeiht.

Das gesamte Kapitel zeigt: Die Vergebung gehört zum Lebensatem der Jüngergemeinde. Immer und überall muss es in ihr vorbehaltloses Verzeihen geben – schon allein deshalb, weil auch Gott immer wieder verzeiht. Dieser nicht nachlassende Vergebungswille stößt nur dort an seine Grenze, wo ein Mitglied der Gemeinde die Ermahnung durch die anderen nicht annimmt und sich so selbst aus dem Raum der Vergebung herausbegibt (Mt 18,15–17).

Aber wird die Vergebungsbereitschaft, von der das Vaterunser spricht, nur von den Jüngern Jesu gefordert? Wird sie nicht auch von den Freunden und Sympathisanten Jesu verlangt, die ortsgebunden sind und irgendwo in ihren Häusern leben? Noch einmal anders: Gilt sie nicht dem gesamten Gottesvolk, für das Jesus lebt und das er sammeln möchte? Die Frage ist wichtig, denn sie ist geeignet, die Frage nach den Adressaten des Vaterunsers, die wir schon zu Anfang dieses Buches gestellt haben, noch genauer abzuklären.

Wir greifen dazu wiederum auf einen konkreten Text zurück. Er wird zeigen, dass die Vergebungsbereitschaft, die Jesus verlangt, nicht nur von seinen Jüngern gefordert ist, sondern von allen im Gottesvolk. Zugleich wird dieser Text das, was Vergebung ist, noch heller beleuchten. In Matthäus 5,23–24, also innerhalb der Bergpredigt, heißt es:

> *Wenn du deine Opfergabe zum Altar bringst und dir dort in den Sinn kommt, dass dein Bruder etwas gegen dich hat – lass deine Opfergabe dort vor dem Altar, geh und versöhne dich zuerst mit deinem Bruder. Dann komm und opfere deine Gabe.*

Da ist also einer, der Gott die Ehre geben will. Er macht eine Wallfahrt zum Tempel. Wenn er ein Galiläer ist, ist er drei Tage lang auf steinigen und staubigen Straßen unterwegs gewesen. Nun ist er in Jerusalem angekommen, und wir sehen ihm zu, wie er seine Opfergabe zum Altar bringt.

Das ist die vorausgesetzte Situation. Jeder der damaligen Zuhörer kennt sie. Jeder ist unmittelbar betroffen, wenn Jesus fortfährt: Es kann sein, dass du schon dabei bist, deine Opfergabe darzubringen. Da erst kommt dir zu Bewusstsein: Daheim in meinem Dorf, vielleicht sogar in meiner Familie ist einer, der etwas gegen mich hat. Wenn dir das klar wird, sagt Jesus, lass deine Gabe dort vor dem Altar, kehr nach Hause zurück und versöhne dich zuerst mit deinem Bruder. Dann komm wieder zum Tempel und opfere.

Bemerkenswert bei dem Ganzen ist zunächst einmal, dass Jesus nicht ausdrücklich sagt, derjenige, um den sich der Opfernde bemühen soll, sei ein Jünger oder ein Anhänger Jesu. Das Wort „Bruder" lässt in diesem Fall alles offen. Es kann einfach der Glaubensbruder im Gottesvolk sein.

Bemerkenswert ist weiterhin, dass Jesus hier nichts gegen den Tempel sagt. Er findet es gut, dass der Jerusalemer Tempel strahlend wird durch die Gaben der Israeliten. Er setzt als selbstverständlich voraus, dass die Gläubigen von überall her nach Jerusalem wallfahren, um den Tempel zu besuchen und dort Gott die Ehre zu geben.

Noch wichtiger ist ihm allerdings, dass die Menschen im Gottesvolk versöhnt miteinander leben. Tun sie es nicht, sind Tempelbesuch und Opfer sinnlos. Jesus knüpft damit ganz unmittelbar an die Kultkritik der Propheten an, etwa an die Gottesrede in Amos 5:

> *Ich hasse, ich verwerfe eure Feste. Eure Festversammlungen kann ich nicht riechen. Wenn ihr mir Brandopfer dar-*

bringt und Speiseopfer – ich habe an ihnen kein Gefallen. Die Dankopfer von euren Mastkälbern will ich nicht sehen. Weg mit dem Lärm deiner Lieder! Dein Harfenspiel will ich nicht hören. Vielmehr: Das Recht ströme wie ein Wasserquell und die Gerechtigkeit wie ein nie versiegender Bach. (Am 5,21–24)

Wenn die sozialen Verhältnisse im Gottesvolk nicht stimmen, sind die Herrlichkeit des Tempels und die Schönheit der Gottesdienste eine Farce. Das betonen die Propheten immer wieder. Für Jesus ist unversöhntes Nebeneinander im Gottesvolk genauso inakzeptabel wie soziales Unrecht. Menschen, die miteinander versöhnt und einmütig leben, sind für ihn die unabdingbare Voraussetzung jedes Gottesdienstes.

Bemerkenswert ist schließlich, wie Jesus das Beispiel, das er vorträgt, in Szene setzt. Er sagt nicht:

Wenn du deine Opfergabe zum Altar bringst und dort kommt dir in den Sinn, dass du deinen Bruder beleidigt oder verletzt hast – lass deine Opfergabe dort vor dem Altar, geh und bitte deinen Bruder um Vergebung …

Er sagt vielmehr:

Wenn dir klar wird,
dass dein Bruder etwas gegen dich hat …

Wer der Schuldige ist, interessiert Jesus also nicht. Diese Frage lässt er bewusst offen. Es wäre durchaus möglich, dass nicht der im Tempel schuld an dem Zerwürfnis ist, sondern der zu Hause. Trotzdem muss der im Tempel alles tun, dass es zur Versöhnung kommt. Er darf die Dinge nicht so lassen, wie sie sind. Er darf gerade nicht sagen: „Der andere hat angefangen. Also muss er jetzt auch den Anfang machen, wenn wieder Friede sein soll. Er muss zuerst kommen und sich bei mir entschuldigen. Dann können wir weitersehen."

Wer so denkt, lässt sich von bürgerlicher Moral leiten, nicht aber vom Evangelium. Jesus ist überzeugt: Zerwürfnisse und Feindschaften sind im Gottesvolk etwas so Unmögliches, dass sofort versucht werden muss, sie zu beenden – ob man nun selber schuld ist oder nicht. Solange man nicht selbst alles getan hat, sich mit dem anderen zu versöhnen, hat es keinen Sinn, zum Gottesdienst zu gehen. Solche Gottesdienste, sagt Jesus, sind Gott ein Greuel. Aber eine Freude sind für ihn Menschen, die Frieden herstellen, die dem Frieden nachjagen und die Versöhnung suchen.

Jesu Auffassung über die Versöhnung macht den Unterschied zwischen bloßer Religion und dem jüdisch-christlichen Glauben offenkundig: Opfer, die man den Göttern darbringt, gibt es in allen Religionen; ebenso Festzeiten, Wallfahrten, Heiligtümer, Weihwasser, Altäre, Gottesdienst, Gebet, Ritual, Fasten, Almosen – all das gehört zum Wesen der Religion, und Religion gibt es überall.

Für den Glauben des Gottesvolkes aber ist charakteristisch, dass mit unbestechlicher Nüchternheit gesagt wird: Alles Beten, aller Opferbetrieb, aller Gottesdienst ist nutzlos, wenn er nicht ein neues Miteinander erzeugt. Im Gottesdienst versöhnt sich Gott mit uns, und er ergreift dabei selbst die Initiative; deshalb müssen auch wir uns versöhnen und dabei wie er die Initiative ergreifen.

Dem scheint nun allerdings die matthäische Fassung der fünften Vaterunserbitte zu widersprechen. Ist da nicht so formuliert, als mache Gott seine Initiative von unserer, schon vorausgegangenen Initiative abhängig?

Erlass uns unsere Schulden,
wie auch wir erlassen haben
unseren Schuldnern.

Das Problem löst sich aber sofort, wenn wir uns noch einmal den Vorgang von Matthäus 5,23–24 vergegenwärtigen: Einer will in Jerusalem seine Opfergabe darbringen und sich im Tempel an den Ort der Verherrlichung Gottes begeben. Aber er darf seine Gabe gar nicht zum Altar bringen, falls er sich nicht zuvor mit seinem Glaubensbruder zu Hause versöhnt hat. Hat er aber dann seinem Schuldner alles erlassen, bekommt nun auch er, zurückgekehrt nach Jerusalem, von Gott alles erlassen. Die Versöhnung mit dem Glaubensbruder ist die Voraussetzung für den Gottesdienst im Tempel. Und doch hat Gott diesen Gottesdienst als den bleibenden Ort geschenkter Versöhnung längst gestiftet. Gott hatte längst die Initiative ergriffen.

Analoges gilt für den christlichen Gottesdienst. Hier fand das Vaterunser schon sehr früh seinen Ort vor dem Empfang der Eucharistie. Leitete das Vaterunser aber die Mahlfeier ein, war es sinnvoll, dass die Gläubigen in der fünften Bitte bekannten, dass sie nicht unversöhnt zum Tisch des Herrn gingen: Sie *hatten* ihren Brüdern und Schwestern bereits vor der Mahlfeier vergeben. Sie *hatten* sich bereits versöhnt. Und doch war ihrer eigenen Versöhnungstat die Tat Christi längst vorausgegangen.

Bei all dem zeigt sich: Der jüdische und der christliche Gottesdienst sind mehr als ein isoliertes, herausgehobenes Ereignis. Der Gottesdienst beginnt schon, bevor man sich dem Tempel nähert. Und er beginnt auch schon, bevor die Messe anfängt. Er umfasst das ganze Leben. Er umfasst es nicht nur, er verändert es und verschiebt alle Horizonte.

Derjenige, der eigentlich opfern will, dann aber zurückeilt, um Versöhnung zu schaffen, sich die Beine müde läuft, um zu seinem Gegner zu kommen, ihm nachlaufen muss und nicht einmal weiß, ob sein Angebot ein offenes Herz findet, wird selbst zum Opfer.

Plötzlich leuchtet hinter Matthäus 5,23–24 der Weg Christi und das Opfer seines Lebens auf. Er hat sich für das Gottesvolk müde gelaufen, um Versöhnung zu schaffen, und man hat ihn dafür gekreuzigt. Allerdings: Aus seinem Tod sind die österlichen Gemeinden entstanden – der endgültige Ort der Versöhnung.

Aber nun zurück zu unserer Anfangsfrage: Es ist wohl deutlich geworden: „Erlass uns unsere Schulden, wie auch wir sie unseren Schuldnern erlassen haben" – das kann nicht nur den Jüngern gesagt sein, die Jesus unmittelbar nachfolgen. Es gilt, wie Matthäus 5,23–24 zeigt, allen im Gottesvolk. Andererseits gilt es, wie das gesamte Vaterunser, zunächst einmal und vor allem den Jüngern, die das Nervenzentrum des zu sammelnden endzeitlichen Israel sind. Wir werden also die sich immer wieder zeigende Spannung durchhalten müssen: Das Vaterunser ist Gebet der Jünger, von Jesus für ihre ganz spezifische Situation formuliert – und es ist doch Gebet aller in Israel, die miteinschwingen in das, was jetzt durch Jesus geschieht.

8.
Die Bewahrung in der Versuchung

Wir kommen zur sechsten Bitte. Wahrscheinlich war sie im Vaterunser, wie Jesus es gelehrt hat, die letzte Bitte (vgl. Lk 11,4). Nimmt man sie als die letzte, so erscheint das Vaterunser wie eine Partitur, die mit einer Dissonanz aufhört. Oder wie ein dramatischer Text, der mit einem Schrei endet. „Führe uns nicht in Versuchung!" – das ist tatsächlich ein Notschrei. Selbst wenn sich schon bald eine Doxologie abmildernd anschloss: Mit dem Inhalt dieser Bitte hatten alle Beter durch die Jahrhunderte hin ihre Schwierigkeiten. Kann denn Gott einen Menschen versuchen? Bereits der Jakobusbrief setzt sich mit diesem Problem auseinander:

> *Selig der Mann, der die Versuchung durchharrt. Denn wenn er sich bewährt, wird er den Kranz des Lebens empfangen, der denen verheißen ist, die Gott lieben. Keiner, der versucht wird, sage: „Von Gott werde ich versucht." Denn Gott kann nicht in die Versuchung kommen, Böses zu tun, und er versucht auch selbst keinen. Jeder wird von seiner eigenen Begierde versucht, die ihn fortreißt und verlockt. Wenn die Begierde dann schwanger geworden ist, bringt sie die Sünde zur Welt; ist aber die Sünde reif geworden, bringt sie den Tod hervor. (Jak 1,12–15)*

Die Bezüge auf das Vaterunser liegen auf der Hand. Der Verfasser des Jakobusbriefs weist ein falsches Verständnis der sechsten Vaterunserbitte ab: Gott versucht niemand zum Bösen. Er kann es gar nicht. Denn das würde bedeuten: Er will das Böse. Nein: der Mensch wird von seiner eigenen Begierde angestachelt. Das alles ist ohne Zweifel richtig. Nur: Der biblischen Sprache und ihrer Tiefe ist Jakobus damit nicht ganz gerecht geworden. Aber derartige Verständnisprobleme hatten schon im Alten Testament selbst begonnen. In Jesus Sirach 15,11–13 heißt es:

> *Sag nicht: „Durch den Herrn bin ich abgefallen." Denn was er hasst, verursacht er nicht. Sag nicht: „Er hat mich zu Fall gebracht." Denn er bedarf keines sündigen Menschen. Verabscheuungswürdiges hasst der Herr – und alle die ihn fürchten, bewahrt er davor.*

Schon am Rande des Alten Testamentes selbst setzt sich also ein aufgeklärter Theologe mit dem Problem auseinander, ob Gott den Menschen zum Bösen versuchen könne. Dass diese Auseinandersetzung so früh beginnt, hängt mit der Sprache und der Denkweise älterer biblischer Texte zusammen. Sie sehen noch keine Schwierigkeit darin, Gott als die letzte Ursache von allem in der Welt zu betrachten. Nur so war es möglich, den Glauben an das Wirken fremder Götter und Mächte zurückzuweisen. Im Jesajabuch sagt Gott:

> *Man soll erkennen vom Aufgang der Sonne und von ihrem Niedergang, dass es keinen gibt außer mir: Ich bin der Herr – und sonst keiner. Ich bilde das Licht und erschaffe die Finsternis. Ich bewirke das Heil und erschaffe das Unheil. Ich bin der Herr, der alles bewirkt.*
> *(Jes 45,6–7)*

Die Probleme mit dieser Art biblischen Sprechens sind bis heute weitergegangen. Schon seit längerer Zeit wird an katholische Bischöfe der Wunsch herangetragen, sie möchten doch dafür sorgen, dass die sechste Bitte des Vaterunsers anders übersetzt werde. Der Text werde sonst ständig missverstanden. Vorgeschlagen werden dabei vor allem die Formulierungen:

Lass uns nicht in Versuchung geraten.

oder:

Lass nicht zu, dass wir in Versuchung geraten.

Doch diese Vorschläge sind fragwürdig. Denn der griechische Text spricht nicht von einer bloßen Zulassung. Er redet von einem unmittelbaren Handeln Gottes:

Führe uns nicht in Versuchung!

Das entspricht völlig den Nachbarsätzen. Im zweiten Teil des Vaterunsers wird immer von einem direkten Handeln Gottes gesprochen:

Gib uns unser Brot!
Erlass uns die Schulden!
Führe uns nicht in Versuchung!
Erlöse uns von dem Bösen!

Jedesmal ist Gott der Handelnde. Man kann daraus nur schließen, dass die Initiative Gottes für das Vaterunser von größter Bedeutung ist. Der Part des Menschen ist damit in keiner Weise ausgeschlossen. Aber das Handeln Gottes hat sein unaufgebbares Gewicht. Deshalb ist äußerste Vorsicht geboten, gerade an diesem Punkt abzuschwächen. Fragen wir also, statt den Text vorschnell weichzuspülen, lieber noch einmal neu: Kann Gott in Versuchung führen? Eine erste Antwort gibt die bekannte Erzählung von der Opferung Isaaks. Sie wird in Genesis 22,1 folgendermaßen eingeleitet:

Nach diesen Ereignissen erprobte Gott den Abraham.

Dieses „erproben“ gibt durchaus wieder, was der hebräische Text sagen will. Gott prüft, Gott erprobt den Glauben Abrahams. In der Septuaginta, der griechischen Übersetzung des Alten Testamentes, steht an dieser Stelle: *epeirazen* – und das ist genau das Verb zu dem Substantiv, das in der sechsten Vaterunserbitte steht: *peirasmos.* Man sieht daran: „Versuchung“ heißt in der Bibel nicht unbedingt: „Versuchung zum Bösen“. Vielmehr ist es so: Gott führt Abraham in eine Situation hinein, wo er sich *gegen* Gott und damit zum Bösen oder *für* Gott und damit zum Guten entscheiden muss.

Dem entspricht in der sechsten Vaterunserbitte, dass es ja gar nicht heißt: „Versuche uns nicht“, sondern stattdessen: „Führe uns nicht in Versuchung.“ Das Funktionsverb „führen“ sichert zwar, dass Gott selbst wie bei Abraham der Handelnde ist. Es ermöglicht aber zugleich das Substantiv „Versuchung“ – und durch die Folge „Funktionsverb – Substantiv“ bleibt offen, wer der Versucher ist.

Diese Unterscheidung wird bestätigt durch die Art, wie die Versuchung Jesu in den Evangelien dargestellt wird. In der Markusfassung lautet der entscheidende Satz:

Und sofort [nach seiner Taufe] treibt der Geist Jesus in die Wüste. Und er war in der Wüste vierzig Tage lang und wurde dort vom Satan versucht.
(Mk 1,12–13)

Der Heilige Geist, der bei der Taufe auf Jesus herabgekommen ist, treibt ihn also in die Wüste – in einen Bereich, wo Jesus die Wüstenerfahrung Israels wiederholen muss, in einen Bereich, wo er der Versuchung durch den Widersacher ausgesetzt ist. Gott selbst versucht Jesus nicht, erst recht versucht er ihn nicht zum Bösen. Aber er führt Jesus in eine Situation hinein, in der er vom Satan versucht wird. Noch klarer formuliert dieselbe Sache Matthäus:

> *Dann wurde Jesus vom Geist in die Wüste geführt, damit er vom Teufel versucht werde. (Mt 4,1).*

Im Griechischen steht hier ein finaler Infinitiv. Der Geist Gottes führt also Jesus in die Wüste *mit dem Ziel,* dass der Teufel Jesus dort versuchen kann. Vor diesem Texthintergrund müssen wir den Sinn der sechsten Bitte bestimmen. Klar ist: Gott selbst tut nicht das Böse. Er versucht auch nicht zum Bösen. Das tut der Teufel. Aber Gott kann diejenigen, die er sich erwählt hat, sehr wohl in eine Situation hineinführen, in der sie mit dem Bösen und dessen ganzer Verführungsmacht konfrontiert werden. Die Versuchungsgeschichte der Evangelien zeigt darüber hinaus: Diese Erprobung, diese Konfrontation mit dem Bösen steht in engem Zusammenhang mit der Berufung durch Gott.

Von hier aus ist also die sechste Vaterunserbitte auszulegen. Das „Führe uns nicht in Versuchung" kann dann nicht vordergründig-direkt gemeint sein. Es kann nicht sagen wollen, Gott möge uns doch bitte überhaupt nicht erproben. Denn Gott hat ja sowohl Abraham als auch Jesus in Erprobungssituationen hineingeführt, und es kommt in der Bibel auch sonst immer wieder vor, dass Gott den einzelnen Menschen oder sein ganzes Volk erprobt.

Die Bitte kann deshalb nur meinen: „Führe uns nicht in eine Erprobungs-Situation, die über unsere Kraft geht." „Führe uns nicht in eine Situation, in der die Macht des Bösen stärker ist als wir." Das entspricht aufs genaueste der syrischen Jakobus-Liturgie, die den Priester nach dem Abschluss des Vaterunsers fortfahren lässt:

> *Ja, Herr, unser Gott, führe uns nicht in eine Versuchung, die wir nicht zu ertragen vermöchten, sondern gib mit der Versuchung auch den Ausweg, dass wir bestehen können, und erlöse uns von dem Bösen.*

Die Jakobus-Liturgie holt sich ihre Formulierungen an dieser Stelle aus einem Paulustext, der uns erneut einen Fingerzeig für die richtige Erklärung der sechsten Vaterunser-bitte gibt. Paulus hatte in 1 Korinther 10,1–10 von der Erprobungs-Situation Israels in der Wüste gesprochen. Dann fährt er fort:

> *Das aber geschah vorbildlich an ihnen; uns zur Warnung wurde es aufgeschrieben, uns, die das Ende der Zeiten erreicht hat. Wer also meint, er stehe, der sehe zu, dass er nicht falle. Euch hat noch keine Versuchung in den Griff genommen, es sei denn in menschlichem Maße [d.h. außer einer, die den Menschen nicht überfordert]. Gott ist treu. Er wird nicht zulassen, dass ihr mehr versucht werdet, als ihr ertragen könnt. Er wird mit der Versuchung auch den Ausweg schaffen, damit ihr sie bestehen könnt.*
> *(1 Kor 10,11–13)*

Was ist bemerkenswert an diesem Text? Gott lässt durchaus zu, dass wir in Versuchung geraten. Er *schafft* sogar die Versuchung, das heißt die Situation, in der wir versucht werden. Aber er schafft „mit der Versuchung", hinter der durchaus der böse Versucher stehen kann (vgl. 1 Thess 3,5; 1 Kor 7,5) den Ausweg: Er sorgt dafür, dass wir nicht über unser Vermögen hinaus versucht werden. Er sorgt dafür, dass wir der Versuchung nicht erliegen, dass wir in ihr nicht untergehen. Genau darum fleht die sechste Vaterunserbitte.

Aber kehren wir noch einmal zu der Erzählung von der Versuchung Jesu in der Wüste zurück. Wir können aus dieser Geschichte für das richtige Verständnis der sechsten Vaterunserbitte noch viel mehr lernen. Worum geht es denn hier? Es geht um das Abtrünnigwerden oder das Treubleiben Jesu angesichts seiner Sendung. Das heißt: Es geht nicht um etwas Peripheres, nicht um *irgendeine* Versuchung, sondern um das Festhalten an der eigenen Berufung. Schauen wir uns dazu die Versuchung Jesu, so wie sie von Matthäus erzählt wird, noch genauer an:

Dann wurde Jesus vom Geist in die Wüste geführt, damit er vom Teufel versucht werde. Als er vierzig Tage und vierzig Nächte gefastet hatte, bekam er Hunger. Da trat der Versucher an ihn heran und sagte: „Wenn du Gottes Sohn bist, so befiehl, dass aus diesen Steinen Brot wird." Er aber antwortete: „Es steht geschrieben: Nicht vom Brot allein lebt der Mensch, sondern von jedem Wort, das aus dem Mund Gottes kommt."

Darauf nimmt ihn der Teufel mit in die Heilige Stadt, stellt ihn auf die Zinne des Tempels und sagt zu ihm: „Wenn du Gottes Sohn bist, so stürz dich hinab, denn es heißt in der Schrift: Seinen Engeln befiehlt er, dich auf ihren Händen zu tragen, damit dein Fuß nicht stößt an einen Stein." Jesus antwortete ihm: „Es steht auch geschrieben: Du sollst den Herrn, deinen Gott, nicht versuchen."

Wieder nimmt ihn der Teufel mit sich und führt ihn auf einen sehr hohen Berg. Er zeigt ihm alle Reiche der Welt mit ihrer Herrlichkeit und sagt zu ihm: „Das alles werde ich dir geben, wenn du dich niederwirfst und mich anbetest." Da sagt Jesus zu ihm: „Weg da, Satan! Denn es steht geschrieben: Vor dem Herrn, deinem Gott, sollst du dich niederwerfen und ihm allein dienen." Darauf ließ der Teufel von ihm ab, und siehe, Engel traten heran und dienten ihm. (Mt 4,1–11)

Diese Versuchungsgeschichte ist eine genau durchdachte Komposition. Dreimal tritt der Versucher an Jesus heran. Dreimal will er ihn dazu bringen, von seinem Auftrag abzufallen. Dreimal antwortet Jesus mit einem Wort aus der Bibel und zeigt so, dass er seinem Auftrag treu bleibt. Es geht in diesem Text also nicht einfach um Versuchungen, denen alle Menschen ausgesetzt sind – etwa um die Gier oder die Arroganz oder das Streben nach Macht.

Es geht vielmehr um die Grundsünde des Gottesvolkes, um die spezifische Versuchung, mit der gerade der Glaubende konfrontiert ist. Wer den Exodus gewagt hat und sich auf den Weg des Glaubens gemacht hat, wird ja nicht weniger versucht als die anderen, sondern mehr. Die Versuchung, in die das Gottesvolk immer wieder hineingerät, reicht viel tiefer als die gängige Unmoral der Gesellschaft. Die Versuchung des Gottesvolkes und damit auch die Versuchung Jesu setzt *im Auftrag selbst* an – mitten in dem, wozu Israel erwählt wurde: In der Welt als ein Volk zu leben, das Gott allein die Ehre gibt, das ihn als seinen einzigen Herrn anerkennt, so dass man an diesem Volk sehen und ablesen kann, was Gott mit der Welt will.

Wenn nun aber das Gottesvolk nicht für Gott lebt, sondern für sich selbst, wenn es nicht die Ehre Gottes sucht, sondern seine eigene Ehre, und wenn Gott dabei sogar noch als Instrument benutzt wird für die Durchsetzung der eigenen Interessen, dann sind Auftrag und Sendung in ihrem Innersten pervertiert. Dann geschieht statt Verkündigung Selbstdarstellung und statt Dienst an den anderen Dienst am eigenen Ich.

Es ist kein Zufall, dass in der Versuchungsgeschichte gerade die Wüstenzeit Israels anklingt: vor allem natürlich in der Zahl „vierzig". Der lange Aufenthalt Israels in der Wüste gilt im Alten Testament nicht nur als die Verlobungszeit Israels mit Gott, sondern eben auch als die Zeit der Erziehung und Erprobung des Volkes. Im Buch Deuteronomium heißt es:

> *Du sollst an den ganzen Weg denken, den der Herr, dein Gott, dich während dieser vierzig Jahre in der Wüste geführt hat, um dich gefügig zu machen und dich zu prüfen. Er wollte erkennen, wie du dich entscheiden würdest: ob du auf seine Gebote achtest oder nicht. (...) Er wollte dich erkennen lassen, dass der Mensch nicht nur vom Brot lebt, sondern dass der Mensch von allem lebt, was der Mund des Herrn spricht.*
> *(Dtn 8,2–3)*

Man sieht sofort die Gemeinsamkeiten mit der Versuchungsgeschichte in Matthäus 4,1–11. Betrachten wir diese Geschichte deshalb noch ein wenig genauer. Sie zeigt in höchst sublimer Form die Sünde der Berufenen:

Erste Szene: Man benutzt, was die Sendung zum Gottesvolk an neuen Möglichkeiten einräumt, für die eigenen Interessen. Im Bild: Man verschafft sich Brot.

Zweite Szene: Man dient nicht Gott, sondern der eigenen Person, indem man sich selbst inszeniert und dabei sogar noch die Heilige Schrift zur Selbstinszenierung missbraucht.

Dritte Szene: Man will letztlich die eigene Macht und Herrlichkeit. Man will die Macht über andere. Kaum eine Verlockung ist größer, als andere zu beherrschen, vor allem durch moralischen Druck, der die Freiheit nimmt, sowie durch geistliche Macht, die nicht dienen, sondern herrschen will. Aber hier tritt dann auch endgültig zutage, was bei all dem in der Tiefe geschieht: Wer nicht Gott und den anderen dient, sondern sich selbst, dient dem Teufel.

Erst wenn man begriffen hat, wie schmal und ausgesetzt der Weg ist, auf dem Gott die Ehre gegeben wird, und wie schnell gerade der Glaube der Berufenen abstürzt in Selbsthilfe, in Selbstinszenierung, in ein Sich-selbst-zum-Herrn-Machen, versteht man den springenden Punkt der Versuchungsgeschichte: Gerade die von Gott Beauftragten können ihre Berufung benutzen, sich ausschließlich selbst zu dienen.

Das Erschreckende und zugleich Tröstende ist: Auch Jesus wurde von all dem bis in die Tiefe seiner Existenz hinein versucht. Er hat dem Versucher aber widerstanden. Unsere Erzählung zeigt: Nicht aus eigener Kraft, sondern weil er sich am Wort Gottes festhält. Deshalb zitiert er dreimal die Heilige Schrift, das gesammelte Unterscheidungswissen Israels.

Auch wir werden versucht. Oder glauben wir im Ernst, Jesus sei versucht worden und wir selber würden es nicht? Auch bei uns werden die eigentlichen Versuchungen immer gegen den Auftrag gehen, den wir als Christen erhalten haben: gegen den Aufbau von Gemeinde, gegen die Sammlung des Gottesvolkes. Wir werden diesen Versuchungen, die immer mit einem fahlen Glanz von Plausibilität daherkommen, nicht widerstehen können, wenn nicht auch wir uns auf das Unterscheidungswissen des Gottesvolkes stützen, das uns in der Schrift und in der Tradition der Kirche aufbewahrt ist.

Es kann kein Zufall sein, dass Jesus seine Jünger, also diejenigen, die ihre Familie verlassen haben und ihm nachfolgen, im Vaterunser beten lässt: „Und führe uns nicht in Versuchung." Er weiß, dass die größte Gefahr für seine Jünger darin besteht, ihre Berufung zu pervertieren. Dieser Versuchung entkommt keiner. Sie ist als Erprobung sogar notwendig, damit der Glaube ganz rein wird. Aber die Jünger dürfen und müssen Gott bitten: „Führe uns nicht in eine Situation, die für uns zu schwer wird." „Führe uns nicht in eine Situation, in der die Versuchung uns überwältigt."

9. Die Befreiung vom Bösen

Bei Lukas endet das Vaterunser mit der Bitte: „Führe uns nicht in Versuchung." Bei Matthäus ist diese Bitte erweitert mit dem Satz: „ ... sondern erlöse uns von dem Bösen." Diese Erweiterung wird in der christlichen Tradition oft als siebte Bitte gezählt, obwohl es sich genau genommen um einen Nachsatz zur sechsten Bitte handelt. Die frühchristlichen Ausleger liebten die Siebenerzahl.

Der griechische Text lässt offen, ob in dieser Bitte „der Böse" oder „das Böse" gemeint ist. An was sollen wir denken, wenn wir den Schluss des Vaterunsers sprechen? An den Teufel – oder an das Böse in der Welt, etwa an den Hass zwischen den Völkern, an die Ausbeutung der Armen, an die tiefsitzenden Strukturen der Unterdrückung?

Es ist immer gut, sich bei solchen Fragen von der Kirche führen zu lassen. Wie versteht die Kirche selbst die siebte Vaterunserbitte? Einen ersten Hinweis gibt bereits das Neue Testament selbst. Es enthält nämlich über die beiden Vaterunser-Fassungen bei Matthäus und Lukas hinaus noch die verschiedensten Stellen, in denen sich das Herrengebet spiegelt. So greift zum Beispiel der 2. Timotheusbrief deutlich den Schluss des Vaterunsers auf:

Der Herr wird mich erlösen von jedem bösen Werk und mich retten in sein himmlisches Reich. Ihm sei die Herrlichkeit in die Ewigkeiten der Ewigkeit. Amen. (2 Tim 4,18)

Der Verfasser dieses Briefes, wohl ein Mann aus dem Mitarbeiterkreis des Paulus, kannte nicht nur das Vaterunser und seine letzte Bitte, sondern er beendete das Vaterunser auch bereits mit einer Doxologie. Vor allem aber: Er deutet die Erlösung von dem Bösen nicht unmittelbar auf den Teufel, sondern zunächst einmal auf die bösen Wirklichkeiten der Welt.

Einen zweiten Hinweis liefert uns die Feier der Eucharistie. In ihr gibt es schon sehr früh zwischen der siebten Bitte und der Doxologie einen Einschub, den sogenannten „Embolismus". Dieser Gebets-Einschub bleibt noch einen Augenblick bei der siebten Bitte stehen, um sie zu meditieren und zu deuten. Der Einschub ist im deutschen Messbuch leider etwas frei übertragen. Wörtlich übersetzt lautet er:

Befreie uns, Herr, so bitten wir, von allen bösen Wirklichkeiten. Gib huldvoll Frieden in unseren Tagen, damit, getragen vom Handeln deiner Barmherzigkeit, wir für immer befreit seien von der Sünde und gesichert seien vor aller Verwirrung – wir, die wir warten auf die selige Hoffnung: die Ankunft unseres Retters Jesus Christus.

Dieser außerordentlich dichte Text legt die siebte Vaterunserbitte nicht auf *den* Bösen, sondern auf *das* Böse aus: Wovon wir erlöst werden sollen, sind die schlimmen Realitäten dieser Welt, nämlich Streit, Unfriede, Hass, Gewalt – die Gegenpole zum Frieden. Sie kommen aus der „Sünde". Von diesen bösen Wirklichkeiten soll Gott uns befreien. Er soll uns den Frieden schenken, und zwar jenen Frieden, der die Welt „für immer“ von der Macht der Sünde befreit und von der Verwirrung, die durch die Sünde in die Welt kommt.

Es ist klar: Es geht hier nicht um ein bisschen mehr Friede und nicht um ein bisschen weniger Sünde, sondern um den vollen *endzeitlichen* Frieden, in welchem alle Sünde und alle Verwirrung überwunden ist.

Wie aber kommt dieser endzeitliche Friede in die Welt? Er kommt mit der Wiederkunft Jesu Christi. Der Text des Embolismus spielt hier auf den Titusbrief an, der in 2,13 die endzeitliche Wiederkunft „unseres Retters Jesus Christus“ als unsere „selige Hoffnung“ bezeichnet. Damit bleibt die Weiterführung der siebten Vaterunserbitte ganz bei der Sache. Denn das Vaterunser ist vom Anfang bis zum Ende vor einem *endzeitlichen* Horizont formuliert. Die Sammlung des Gottesvolkes, das Kommen des Reiches und die Vollendung des Geschichtsplans Gottes sind endzeitliches Geschehen. Allerdings versteht der Embolismus das Vaterunser nicht nur endzeitlich, sondern auch christologisch. Jesus Christus ist derjenige, in dem sich alles erfüllt, worum im Vaterunser gebetet wird.

Und wann erfüllt es sich? Es erfüllt sich nicht erst bei seiner Wiederkunft am Ende der Welt, sondern schon „in unseren Tagen“, wie der Embolismus ausdrücklich sagt. Die Wiederkunft Christi geschieht ja nicht erst am Ende der Zeit, sondern in Vorwegnahme bereits jetzt, bei jeder Feier der Eucharistie. Seine Wiederkunft geschieht schon, wenn im Anschluss an den Embolismus um den Frieden in der Kirche gebetet und dieser Friede dann im Friedensgruß allen Teilnehmern der Feier zugesprochen wird. Indem die Versammelten diese Friedensproklamation aufnehmen, sie einander weitergeben und dann miteinander die Eucharistie empfangen, beginnt schon jetzt in der Kirche jener endzeitliche Friede, der über die Kirche die ganze Welt ergreifen soll.

Die Weiterführung des Vaterunsers im Embolismus hat also den Sinn des Herrengebetes aufs genaueste erfasst. Dieser kirchlich-liturgischen Deutung dürfen wir uns anvertrauen, wenn wir das Vaterunser beten.

10. NOTSCHREI UND VERTRAUEN

Gleichwohl, ob nun das Vaterunser im Munde Jesu mit „Führe uns nicht in Versuchung“ oder mit „Erlöse uns von dem Bösen“ geschlossen hat – es endet abrupt. Es bricht ab mit einem Notschrei. Ein derartiger Gebetsschluss war der Mentalität damaligen Betens so fremd, dass, wie wir sahen, schon bald ein Lobpreis als zusätzliche Abrundung an das Vaterunser angehängt wurde:

Denn dein ist das Reich und die Kraft und die Herrlichkeit in Ewigkeit. Amen.

Auch die siebte Bitte bei Matthäus könnte bereits ein früher Versuch sein, den abrupten Schluss, wie er noch bei Lukas vorliegt, abzumildern. Das Ende des Vaterunsers bei Lukas ist nicht nur ungewöhnlich, es ist erschreckend. Aber genau ein solcher Gebetsschluss könnte von Jesus beabsichtigt gewesen sein: Er hätte dann die Not der Beter, die Not des Gottesvolkes und die Not der Sache Gottes auch schon in der *Form* des Gebetes zum Ausdruck gebracht.

Offenbar sind wir von uns aus gar nicht in der Lage, die wahre Not der Welt zu sehen. Vor allem nicht die extreme Not des Gottesvolkes. Dieses sollte ja der Ort des schon aufscheinenden Paradieses sein, der Ort, an dem das Reich Gottes in der Welt bereits aufblüht. Wir aber machen diesen Heilswillen Gottes immer wieder zunichte. Wir machen ihn zunichte, indem wir den eigenen Namen heiligen und nicht den Namen Gottes. Indem wir nicht die Herrschaft Gottes anerkennen, sondern selbst Herren sein wollen. Indem wir nicht in den Plan Gottes eintreten, sondern unseren Privatinteressen dienen. Indem wir nicht ungesichert darauf vertrauen, dass Gott auch am nächsten Tag für uns sorgen wird, sondern auf unsere eigene Daseinsvorsorge setzen. Wir hindern das Kommen des Reiches Gottes, indem wir nicht vergeben, sondern stolz und hart auf unser Recht pochen. Vor allem aber: Indem wir unserer Berufung immer wieder untreu werden. Das ist die Not des Gottesvolkes. Deshalb ist das Vaterunser reines Bittgebet, und deshalb endet es mit einem Schrei.

Angesichts dieser Not will das Vaterunser Jünger sammeln und sie in ihrer Jüngerexistenz bestärken. Das Vaterunser möchte, dass die Sammlung und Heiligung des Gottesvolkes zu unserer größten Sorge wird. Es möchte, dass *Gott* Herr ist, nicht wir selbst. Es möchte, dass wir nicht um das Gelingen unserer eigenen Pläne zittern, sondern um das Gelingen des Planes Gottes. Es möchte, dass alle im Gottesvolk einander helfen: diejenigen, die Jesus unmittelbar nachfolgen und diejenigen, die ihnen zuarbeiten. Es möchte, dass wir einander täglich die Schuld vergeben. Es möchte uns schließlich bewusst machen, wie unmittelbar uns der Abfall vom Glauben bedroht. Wer begriffen hat, was das Vaterunser wirklich sagt, weiß, dass es unruhig macht. Es will unser Leben verändern. Es ist ein riskantes Gebet. Trotzdem dürfen wir es beten.

Denn in diesem Gebet liegt auch eine ungeheure Zuversicht. Sie beginnt schon mit dem ersten Wort, mit dem *abba*, der familiären Anrede des Vaters, die aus dem Intimbereich der Familie kam. Die Zuversicht erfließt aber auch aus dem Wissen, dass der Plan Gottes gelingen wird, weil sein Wort nicht leer zu ihm zurückkehrt. Und sie hängt mit der Einsicht zusammen, dass Gottes Erbarmen grenzenlos ist. Wenn schon Menschen aus ganzem Herzen einander die Schuld vergeben, wird dann Gott nicht erst recht vergeben? Deshalb ist das Vaterunser ein Gebet voller Vertrauen. Jeder Getaufte darf es beten, gerade auch diejenigen, die ihre Schuld begriffen haben und erkannt haben, wie weit sie von der wirklichen Nachfolge Jesu entfernt sind. Und das sind wir alle. Wenn man versucht, das Vaterunser zu umschreiben, könnte man vielleicht sagen:

> *Vater im Himmel, wir sind deine Jünger, deine Gemeinde, dein Volk. Deshalb dürfen wir dich als unseren Vater anreden. Abba, lieber Vater!*
>
> *Offenbare dich allen Völkern als der heilige Gott. Sammle dein zerstreutes und zerrissenes Volk. Mach es zum wahren Gottesvolk, damit deinem Namen vor der ganzen Welt die Ehre gegeben wird. Gib uns die Kraft, in deinem Namen Gemeinde zu sammeln, zusammenzuführen und zu einen. Geheiligt werde dein Name.*
>
> *Lass dein Reich, lass deine Herrschaft in der Welt ankommen. Sei du allein unser Herr. Wir wollen unseren selbstgemachten Göttern nicht länger dienen. Gib uns die Kraft, als dein Volk wahrhaft menschlich zu leben, ohne Gewalt, ohne Hass, in deinem Frieden. Dein Reich komme.*
>
> *Bring deinen Plan zur Vollendung, den Plan mit der Welt, den du von Ewigkeit her gefasst hast. Lass ihn vom Himmel auf die Erde gelangen, von deinem Herzen in unser*

Herz. Gib uns die Kraft, mit unseren Gemeinden dein Heilmittel, dein Sakrament zu sein für die Welt. Dein Wille geschehe.

Weil du unser lieber Vater bist: Gib uns heute so viel, wie wir für den morgigen Tag brauchen. Unsere erste Sorge soll dein Reich sein. Es soll uns wichtiger sein als alles andere. Es soll uns so erfüllen, dass wir gar keine Zeit haben, zu planen und ständig nur an uns selbst zu denken. Gib uns die Kraft, einander zu helfen und füreinander zu sorgen. Gib uns heute das Brot, das wir brauchen.

Erlass uns all unsere Schuld. Wir können das, was wir dir schuldig geblieben sind und ständig schuldig bleiben, niemals bezahlen. Immer bleiben wir in der Liebe zurück. Erlass uns unsere Schuld. Wir sind uns bewusst, dass wir eine solche Bitte gar nicht aussprechen dürfen, wenn nicht auch wir unseren Brüdern und Schwestern alles, was sie uns schulden, erlassen. Vergib uns unsere Schuld, wie auch wir vergeben unseren Schuldnern.

Gerade weil dein Reich mitten in unserer armseligen Geschichte anbrechen soll, droht uns die Versuchung. Die Versuchung des Abfalls; die Versuchung, unsere Jüngerschaft aufzugeben; die Versuchung, die Menschen für unverbesserlich und die Welt für unveränderbar zu halten; die Versuchung, an deiner Kirche zu verzweifeln und an deinen Plan mit der Welt nicht mehr zu glauben. Führe uns nicht in eine Situation, in der diese Versuchung uns überwältigt. Lass uns ihr nicht erliegen, sondern reiß uns heraus aus der tödlichen Macht des Bösen.

Es ist klar: Solche Umschreibungen ersetzen nicht das Vaterunser. Das Gebet Jesu ist besser. Es braucht nicht die vielen Wörter. Wir sollten es jeden Tag einmal beten – langsam und bedächtig. Wir sollten es hüten wie einen kostbaren Schatz. Es führt uns nicht nur in die Mitte unserer christlichen Existenz. Es zeigt uns auch, wer Jesus wirklich war, denn es führt uns zur Mitte seines Herzens.

Hinweise

Für das akkadische Handerhebungsgebet (Kapitel 1) vgl. W. R. Mayer, Untersuchungen zur Formensprache der babylonischen „Gebetsbeschwörungen", Rom 1976, 40 f.

Die Zitate aus dem Achtzehnbittengebet (Kap. 1 und 4) folgen P. Riessler, Altjüdisches Schrifttum außerhalb der Bibel, Darmstadt 1966, 7–10.

Das Gedicht von Rose Ausländer „Vater unser" (Kap. 3) findet sich in R. Ausländer, Gesammelte Werke Band VI, Frankfurt am Main 1986, 274.

Über das „Andere Gebet" von Cosy Piéro (Kap. 4) berichtete die „Süddeutsche Zeitung" am 16.7.1992. Dort ist auch der Text von C. Piéro abgedruckt.

Die Vaterunser-Auslegung von Matthias Claudius (Kap. 6) steht unter der Überschrift „Über das Gebet, an meinen Freund Andreas" in: M. Claudius, Werke, herausgegeben von U. Roedl, Stuttgart 1962 (Sonderausgabe der Wissenschaftlichen Buchgesellschaft Darmstadt), 194–198.

Meine Auslegung der dritten Vaterunserbitte (Kap. 6) habe ich ausführlicher begründet in dem Aufsatz, „Der präexistente Heilsplan. Sinn und Hintergrund der dritten Vaterunserbitte", in: G. Lohfink, Studien zum Neuen Testament, Stuttgart 1989, 49–75.

Das Lied „Was Gott tut, das ist wohlgetan" (Kap. 6) steht im „Gotteslob", dem katholischen Gebet- und Gesangbuch seit 1975 unter Nr. 294.

Aufsätze meines Bruders Norbert zum Vaterunser sind zusammengefasst in: G. Braulik – N. Lohfink, Liturgie und Bibel, Frankfurt am Main 2005, 333–365. Diesen Aufsätzen habe ich bis auf die beiden letzten Zeilen die wörtliche Übersetzung des Embolismus (Kap. 9) entnommen. Vgl. dort 334–335. Besonders viel verdanke ich dem Aufsatz meines Bruders „Das Vaterunser, intertextuell gebetet", jetzt in dem genannten Aufsatzband „Liturgie und Bibel", 343–365.

Bei den Zitaten aus dem Neuen Testament habe ich gelegentlich die sensible und anregende Übersetzung von Fridolin Stier (Das Neue Testament, München/Düsseldorf 1989) verwendet. G. L.